Numerologie 2024

Die Zeit ist gekommen, um zu wachsen und Fülle und Wohlstand zu erlangen. Erfolg erreicht man, indem man groß denkt und träumt. 2024 ist ein kraftvolles Jahr, in dem Sie Geld, Macht und Erfolg erlangen können.

Alina A. Rubi und Angeline Rubi

Einführung

So etwas wie Zufall gibt es nicht, es gibt Synchronizität. Wir werden alle an einem Tag, an einem Ort, an einem Datum und zu einer Uhrzeit geboren, die nicht einer Laune des Schicksals entspringen. Wir bringen bestimmte Aufgaben und Lektionen aus vergangenen Leben mit.

Wenn wir die Numerologie nutzen, werden wir mehr Autonomie haben und unser Schicksal selbst in die Hand nehmen.

Numerologie ist die Lehre von den Zahlen und ihrer Bedeutung. Es ist eine Disziplin, die auf dem Konzept basiert, dass der Name, der Tag, der Monat und das Jahr Ihrer Geburt grundlegende Informationen über Sie enthalten. Durch die Analyse der Zahlenwerte der Buchstaben, aus denen sich Ihr Vor- und Nachname zusammensetzt, und der Ziffern Ihres Geburtsdatums können Sie wichtige Aspekte Ihrer Persönlichkeit und Ihrer Lebensaufgabe erfahren.

Die Numerologie ist eine uralte esoterische Tradition, die von allen Mystikern und Philosophen seit Tausenden von Jahren in China, Griechenland, Rom und Ägypten verwendet wurde.

Numerologie ist die Korrespondenz zwischen Zahlen und Ereignissen und die Analyse, wie sie das Leben beeinflussen. Wir können die Numerologie nutzen, um uns selbst kennenzulernen und unsere Talente zu erforschen. Sie ist so breit gefächert, dass wir sie nutzen können, um Informationen über unsere Gesundheit, Berufe, Beziehungen und Ziele im Leben zu erhalten.

Pythagoras gilt als der erste, der dieses Werkzeug beherrschte, weshalb er auch als Vater der Numerologie gilt. Er leistete nicht nur umfangreiche Beiträge zum Fortschritt und zur Vervollkommnung der Numerologie, sondern er ist auch der Schöpfer zahlreicher mathematischer Hypothesen.

Numerologie 2024

Nach der Numerologie 2024 dieses Jahr fügt die Zahl 8.

Diese Zahl steht im Zusammenhang mit Überfluss, Macht, Gleichgewicht und Gerechtigkeit.

In diesem Jahr 2024 müssen wir unser Verhältnis zum Wohlstand neu bewerten. Wir müssen organisiert sein, unsere finanziellen Schulden begleichen und unser Leben effizienter gestalten. Es ist ein Jahr, in dem wir unsere Zeit schätzen und uns auf die wichtigen Dinge konzentrieren müssen.

Wir müssen lernen, ohne Angst zu leben, und wir müssen versuchen, unsere Wunden auf einer unbewussten Ebene zu heilen.

Dieses Jahr wird Ihnen die Möglichkeit geben, auf geistiger und materieller Ebene zu Wohlstand zu gelangen. Um dies zu erreichen, müssen Sie Ihr Selbstwertgefühl steigern.

Es wird ein Jahr mit vielen Herausforderungen sein, aber Sie dürfen nicht vergessen, dass Sie aus ihnen lernen werden.

Weltweit wird es vermehrt Kritik und Aufstände gegen
Missstände, Tyranneien, Gewalt und Diktaturen
geben.

Was bedeutet die Zahl 2024 geistig?

Die Bedeutung der einzelnen Ziffern, aus denen sich die Zahl 2024 nach der Numerologie zusammensetzt, sind:

Die Zahl 2 symbolisiert Dualität, Familie, Privat- und Gesellschaftsleben. Du wirst dein Leben zu Hause und die Familienzusammenkünfte genießen.

Die Zahl 2 steht für einen geselligen, freundlichen und einfühlsamen Menschen. Sie ist die Zahl der Zusammenarbeit, der Anpassungsfähigkeit und der Rücksichtnahme auf andere.

Diese Zahl symbolisiert Gleichgewicht, Einheit und Verbundenheit. Sie ist auch ein ausgezeichneter Vermittler, ehrlich und diplomatisch. Sie steht für Intuition und Verletzlichkeit.

Die Zahl 4 steht für Stabilität und ruft das Gefühl von Pflicht und Disziplin hervor. Sie spricht zu uns über den Aufbau solider Fundamente. Diese Zahl lehrt dich, dich in der materiellen Welt weiterzuentwickeln und deinen logischen Verstand zu entwickeln.

***Mit der Zahl 0** beginnt alles am Nullpunkt und am Nullpunkt endet es. Manchmal kennen wir das Ende nicht, aber wir nehmen den Anfang wahr, das ist der Nullpunkt.*

Die Stärke.

Stärke ist die Tarotkarte 11 und 8 zur gleichen Zeit. Diese Tarotkarte symbolisiert Festigkeit, Stärke und Zähigkeit zu überleben.

Dieses Arkanum steht für die Fähigkeit, Hindernisse zu überwinden. Die Macht der Intelligenz über die

Stärke. Es ist auch die Darstellung von Geduld, Intuition und Versöhnung von Gegensätzen.

Aus astrologischer Sicht ist das Arkanum von The Strengt of the Tarot mit dem Tierkreiszeichen Löwe und dem Planeten Mars verbunden.

Diese Tarotkarte hat Numero logisch gesehen zwei Perspektiven, denn sie ist die Nummer 11 im Tarot de Marseille, eine Meisterzahl, und die Nummer 8 im Rider Waite Tarot.

Die Stärke ist der Prototyp der Ausdauer. Immer in Kontakt mit seiner Intuition und Kreativität, aber mit einem super-entwickelten Talent, Lebendigkeit, Wahrnehmung und Subtilität.

Die Kraft hat die Fähigkeit, die wichtigsten Instinkte zu kontrollieren, um ihre Ziele zu erreichen. Sie gibt niemals auf, und sie stirbt nicht aus, sie widersteht nur.

Die Stärke erreicht immer, was sie sich vorgenommen hat, und überwindet jede Schwierigkeit mit Scharfsinn und Gerissenheit.

Dieses Arkanum wird Ihre Ausdauer, Ihre Kraft, Ihre Toleranz und Ihre Grenzen auf die Probe stellen, und wenn Sie wirklich etwas verändern oder ein Ziel erreichen wollen, müssen Sie ausdauernd sein, ohne den Versuch aufzugeben.

Um Ihre Ziele zu erreichen, müssen Sie also aufhören, ungeduldig zu sein, die Angst vertreiben und Ihr Ego begraben.

Wenn Sie letztes Jahr versucht haben, ein Ziel zu erreichen, und es nicht geschafft haben, bedeutet das, dass Sie die falschen Methoden angewandt haben. In diesem Jahr fordert The Strengt Sie also nicht auf, das Ziel zu ändern, sondern Ihre Einstellung und die Methoden, die für Sie nicht funktionieren, zu ändern.

Du musst die Energien der arkanen Kraft nutzen, um dich mit ihrem Mut und ihrer Ausdauer zu erfüllen. Du musst stoisch, wagemutig und entschlossen sein, um deine Ängste zu besiegen, und du wirst dies nur mit Disziplin und Ausdauer erreichen.

Nichts wird Sie daran hindern, Ihre Ziele zu erreichen, Sie sollten nichts überstürzen und auch den Herausforderungen, die auf Sie zukommen, nicht den Rücken kehren.

Dies ist ein Arkan der Macht, überstürzen Sie nichts, nehmen Sie die Herausforderungen an und machen Sie geduldig weiter. Du besitzt die Kraft und Ausdauer, um zu gewinnen. Fühlen Sie sich nicht schlecht wegen Dingen, die außerhalb Ihrer Kontrolle liegen, konzentrieren Sie sich auf sich selbst, auf Ihr inneres Selbst. Sie müssen an sich selbst feilen, um Ihre beste Version zu werden.

In der Liebe steht diese Tarotkarte für Treue und stabile Beziehungen. Sie symbolisiert die tägliche Anstrengung, die jedes Paar unternehmen muss, um eine gesunde Beziehung aufrechtzuerhalten, damit sie eine glückliche Verbindung wird.

Im materiellen Aspekt kündigt diese Tarotkarte an, dass eine erfolgreiche Saison bevorsteht und dass Sie, wenn Sie klug sind, in der Lage sein werden, jede Situation zu meistern, egal wie schwierig sie sein mag. Du wirst all die Anerkennung erhalten, die du verdienst; du wirst belohnt werden. Dies ist das Jahr, in dem du deine Träume erfüllst.

Ihre Arbeitsfähigkeit wird zunehmen, Sie werden ausdauernd sein und wissen, wie Sie planen und die Extrameile gehen können, immer mit Blick auf die Zukunft.

Diese Tarotkarte kündigt an, dass Ihre Gesundheit gut sein wird, da Sie viel Vitalität haben werden. Sie müssen diszipliniert sein, um Ihr Wohlbefinden, aber Sie sind auf dem richtigen Weg, Sie werden sehr gesund sein.

*Diese Tarotkarte: **Die Stärke,** erinnert Sie daran, dass Sie die Fähigkeit und die innere Stärke haben, alles zu erreichen, was Sie sich vorgenommen haben.*

Anzahl der Leben oder Einsatzverlauf

Um Ihre Lebensweg- oder Missionszahl zu berechnen, diese Zahl, die Ihnen Ihre Fähigkeiten und Fertigkeiten zeigt und Ihnen Hinweise auf die Möglichkeiten in Ihrem Leben gibt, müssen Sie Ihr Geburtsdatum addieren, d. h. alle Ziffern Ihres Geburtsdatums zusammenzählen.

Wenn zum Beispiel ein Mann namens Juan Carlos Pau am 7. Dezember 1965 geboren wurde, ist seine Geburtsnummer 4.

Dieses Verfahren ist wie folgt aufgeschlüsselt:

$7 + 1 + 2 + 1 + 9 + 6 + 5 = 31$

Dies ergibt sich aus der numerischen Stellung des Monats im Jahr, die 12 ist, dem numerischen Datum im Monat, das 7 ist, und der numerischen Aufteilung des Jahres, die 1, 9, 6 und 5 ist.

Da 31 eine zusammengesetzte Zahl ist, wird sie getrennt und addiert:

$3 + 1 = 4$

Daher ist Juan Carlos' Lebenswegzahl in diesem Beispiel die 4, eine Zahl, mit der er seine Ziele durch eine Kombination aus Beharrlichkeit, gesundem Menschenverstand und Liebe erreichen kann.

Die Bedeutung der Zahl 1

Die Zahl Eins steht für Einigkeit. Diese Menschen zeichnen sich durch ihren Wunsch aus, das zu tun, was sie wollen, und diese Wünsche den Menschen in ihrer Umgebung aufzuzwingen. Diese Menschen sind sehr geschickt, denn scheinbar lassen sie dich glauben, dass sie deine Meinung akzeptieren, aber dahinter tun sie, was sie wollen.

Sie sind sehr energische und rebellische Menschen, aber im Großen und Ganzen sind sie erfolgreich, unabhängig von ihrem Beruf.

Sie wollen, dass ihre Lebensleistung Spuren hinterlässt, und sie haben Angst, dass sie auf beruflicher Ebene keine Anerkennung finden werden.

Die Zahl 1 steht für die Fähigkeit, sich anzupassen und auf erwartete und unvorhergesehene Veränderungen zu reagieren.

Er symbolisiert Führung und Großzügigkeit in ihrer besten Form. Es sind intelligente und extrovertierte

Menschen. Sie haben eine starke Persönlichkeit und neigen dazu, ein bisschen egoistisch zu sein.

Menschen mit dieser Zahl leben das Leben mit Intensität, ohne Einschränkungen. Sie haben keine ethischen Probleme und verhalten sich leidenschaftlich und sorgenfrei.

Wenn diese Menschen an eine Idee oder Sache glauben, verteidigen sie sie bis zum Ende. Ihre Überzeugungen sind so tief, dass sie bereit sind, hart zu kämpfen, um das zu schützen, was sie für richtig halten.

Sie sind entschlossene Menschen. Wenn sie sich ein Ziel setzen, erreichen sie es auch, selbst wenn ihnen Millionen von Hindernissen im Weg stehen. Sie haben keine Angst, Opfer zu bringen.

Sie sind sehr freundlich und haben einen großartigen Sinn für Humor. Sie sind in der Regel beliebt und es ist eine Freude, mit ihnen zusammen zu sein.

Sie reagieren empfindlich auf Kränkungen, nehmen aber die Kränkungen, die sie selbst begehen, nicht ernst. Wenn jemand sie zutiefst verletzt, zögern sie nicht, sich zu rächen und werden zu grausamen Menschen.

Ihre Lebensaufgabe besteht nicht nur darin, ihre eigenen Ziele zu erreichen, sondern auch anderen zu *helfen, sie zu erreichen. Sie verfügen über die Fähigkeit, andere zu motivieren.*

Die Herausforderung für Menschen mit dieser Zahl besteht darin, sich nicht so sehr auf sich selbst zu konzentrieren und die Menschen in ihrer Umgebung mit ihrem Enthusiasmus anzustecken, um sie zum Handeln anzuspornen.

Sie sind sehr unabhängige Menschen, und wenn sie aufgrund bestimmter Lebensumstände von jemand anderem abhängig sind, werden sie depressiv.

Ihr Lebensziel ist es, unabhängig zu sein, und wenn sie es erreicht haben, konzentrieren sie sich auf die Führungsrolle.

Ganz gleich, in welchem Bereich sie arbeiten, die Nummer 1 wird immer die Führung übernehmen und die Regeln in ihrem Arbeits- oder Berufsbereich diktieren.

Zu den negativen Aspekten der Zahl 1 gehören Narzissmus, Egozentrik und Gereiztheit. Manchmal laufen sie Gefahr, unkontrollierten Ehrgeiz zu haben und hochmütig, eitel und unverschämt zu sein.

Die Bedeutung der Zahl 2

Menschen mit der Nummer 2 zwei zeichnen sich dadurch aus, dass sie beschützend, edel und umgänglich sind.

Sie nehmen gerne Menschen in ihrem Haus auf und kümmern sich um sie, das erfüllt sie mit Euphorie und Freude. Sie sind großzügig und haben im Allgemeinen viele Freunde.

Sie planen gerne Feste und vergessen nie die Geburtstage von Freunden und Verwandten, ganz zu schweigen von deren Hochzeitstagen.

Menschen mit der Zahl 2 engagieren sich immer in der Gemeinschaft oder in politischen Gruppen. Diese Aktivitäten befriedigen ihr Bedürfnis nach Anerkennung und ermöglichen es ihnen, das Zusammensein mit anderen Menschen zu genießen.

Die 2 ist ein rücksichtsvoller Mensch, der bereit ist, anderen zu helfen. Sie mögen das Gefühl, gewollt und gebraucht zu werden.

Die Kindheit von Menschen mit der Nummer 2 ist gut. Sie können Liebe geben. Sie sind auch sehr intuitiv über die Gefühle anderer Menschen; sie wissen, wie man die Seelen anderer Menschen zu lesen. Sie hassen es, allein zu sein.

Die typische Nummer 2 hat immer ein Haus voller Freunde und wenn sie dazu nicht in der Lage ist, führt sie lange Gespräche am Telefon mit Freunden und Angehörigen.

Das Sozial- und Familienleben ist für die Zahl 2 wichtig. Sie heiraten in der Regel sehr jung, weil sie eine Familie gründen wollen, und haben in der Regel viele Kinder, die sie zu hervorragenden Eltern machen.

Konflikte machen ihm Angst, denn sie sind weder belastbar noch beständig.

Sie zeichnen sich in ihrem beruflichen Bereich aus, aber es fällt ihnen schwer, absolute Erfolge zu erzielen, weil es ihnen an Ausdauer fehlt. Sie sind auch ein wenig faul, obwohl sie es nicht zugeben würden, nicht einmal sich selbst gegenüber.

Wenn sie scheitern, suchen sie nach Ausreden in äußeren Faktoren, ohne jedoch eine konstruktive Analyse der Besonderheiten ihrer Persönlichkeit vorzunehmen, die diesen Misserfolg ausgelöst haben.

Ihr Bestreben ist es, die Aufmerksamkeit der Menschen in ihrer Umgebung zu gewinnen. Um dies zu erreichen, verführen sie ihre Mitmenschen, indem sie ihnen geben, was sie wollen. Das Problem ist, dass sie mehr versprechen, als sie halten können.

Sie können sehr freizügige Eltern werden und eigensinnige Kinder großziehen.

Sie fühlen sich von Zärtlichkeiten angezogen, sie müssen jeden umarmen und küssen, den sie lieben, und sie lieben es, geküsst und umarmt zu werden.

Sie zeichnen sich durch sportliche Leistungen aus, insbesondere bei Gruppensportarten.

Sie sind naturverbunden und planen daher häufig Ausflüge mit ihrer Familie und ihren Freunden.

Wenn seine finanziellen Mittel es zulassen, werden die 2 ein Haus auf dem Land haben, wo er glücklich sein wird, in Kontakt mit der Natur und den Tieren.

Bei der Arbeit sind Personen mit dieser Nummer diejenigen, die mit der Öffentlichkeit und mit dem Personal arbeiten.

Die Bedeutung der Zahl 3

Die Zahl 3 steht für Expansion. Diese Menschen zeichnen sich durch ihren Scharfsinn aus, alles zu erreichen, wonach sie sich sehnen.

Sie sind analytisch veranlagt und studieren alle Informationen, die ihnen in die Hände fallen, eingehend, um das Beste aus allen Möglichkeiten zu machen.

Sie verfolgen ihre Ziele beharrlich und tun alles, was nötig ist, um sie zu erreichen. Die Kraft, die sie anfangs aufbringen, schwindet jedoch, wenn die Zeit vergeht und ihre Ziele nicht erreicht werden. Wenn das passiert, wechseln sie das Projekt.

Wenn sie etwas wollen und einen Weg finden, der kürzer ist, werden sie ihn gehen, unabhängig davon, ob dieser Weg moralisch richtig ist.

Viele haben nicht die Willenskraft und das Durchhaltevermögen, um die Schwierigkeiten zu überwinden, die auf sie zukommen können.

Ihre Gefühle sind sprunghaft, an einem Tag sind sie begeistert, aber einen Monat später verlieren sie vielleicht schon wieder das Interesse.

Menschen mit der Zahl 3 sind davon fasziniert, immer wieder von vorne anzufangen.

Wenn sie ein Interesse an einer Sache haben, werden sie all ihre geistigen Fähigkeiten und Fertigkeiten darauf verwenden, aber sie werden nicht in der Lage sein, dieses Interesse lange aufrechtzuerhalten.

Die Routine ermüdet sie, und wenn sie ihre Interessen ändern, sind sie wieder begeistert.

In der Liebe passiert ihnen das Gleiche. Persönlichkeit 3 ist narzisstisch, und es ist schwierig für sie, stabile Beziehungen zu führen.

Sie sind verführerisch, warmherzig, charismatisch und freundlich. Wenn sie jemanden erobern wollen, werden sie Erfolg haben, weil die Person nicht in der Lage sein wird, ihren attraktiven Verführungsmethoden zu widerstehen.

Sie verlieben sich in der Regel auf den ersten Blick und glauben, dass die Person, die sie gefunden haben, ihr Seelenverwandter ist.

Sie haben dieses Gefühl, und wenn sie eine Beziehung beginnen, denken sie bereits an Heirat und Kinder. Leider kommt es nicht dazu, weil die Verliebtheit verblasst, bevor sie vor dem Altar stehen.

Sie neigen dazu, zwei Persönlichkeiten zu haben. Einerseits versuchen sie, den Schein zu wahren, nach außen hin selbstbewusst aufzutreten und ihr Image zu pflegen. Andererseits sind sie innerlich unsicher und haben Angst, dass jemand sie entlarven könnte.

Sie folgen ihrer Intuition; wenn sie jemanden verletzt haben, ist eine echte Entschuldigung kein Problem.

Die Bedeutung der Zahl 4

Die Zahl 4 symbolisiert Willenskraft. Es ist üblich, dass Menschen mit der Zahl 4 Hartnäckigkeit mit Sturheit verwechseln.

Sie neigen dazu, ihre Meinung vor anderen zu verteidigen, und werden dies auch dann noch tun, wenn die Beweise sie widerlegen.

Es fällt ihnen schwer zu erkennen, wenn sie sich irren, und sie nehmen ihre Fehler fast nie an.

Die 4 zeichnen sich durch ihr Verantwortungsbewusstsein aus. Bei der Arbeit sind sie dank dieser Eigenschaft bewundernswert. Wenn sie eine Arbeit zu Ende bringen müssen, können sie die ganze Nacht aufbleiben, um sie rechtzeitig zu erledigen.

Bei der Arbeit oder bei jeder anderen Tätigkeit, die sie ausüben, wird Nummer 4 eine ausgezeichnete Anwesenheit aufweisen.

Sie werden keine Ihrer Verpflichtungen aus irgendeinem Grund versäumen, das Einzige, was Sie daran hindern könnte, wäre eine schwere Krankheit.

Zu Hause und mit ihrem Partner sind Nummer 4er schwierige Menschen, weil sie Situationen übertreiben und dazu neigen, in einem Glas Wasser zu ertrinken. Sie schaffen Probleme für Kleinigkeiten und das stört eine Menge, um ihre Familie Kreis. Diese Ausbrüche von schlechter Laune nicht lange dauern, und Nummer 4 schnell wieder ihre Gelassenheit und vergisst über den Vorfall.

Sie sind optimistisch und sarkastisch, haben eine große geistige Schnelligkeit und einen Sinn für Humor, der ihre Freunde amüsiert.

Sie sind analytisch, was den Charakter anderer angeht, und können Fehler erkennen, die die Menschen verbergen wollen. Es ist schwierig, eine Nummer 4 zu täuschen, und diejenigen, die es versuchen, sind Opfer ihrer Satire.

Es ist unwahrscheinlich, dass eine Nummer 4 an einer Party teilnimmt und unbemerkt bleibt, denn ihr Sinn für Humor und ihre aufgeschlossene Persönlichkeit machen sie zum Mittelpunkt der Aufmerksamkeit.

Zu ihren negativen Aspekten gehört, dass die Zahl 4 in der Regel Momente der Traurigkeit hat, in denen sie ihre Energien negativ fokussiert.

In diesen melancholischen Momenten widmet er sich meist der Analyse seines Lebens, doch aufgrund seines Gemütszustands und seines Mangels an Enthusiasmus ist er am Ende unzufrieden mit sich und seinem Leben.

In diesen Momenten ist er allein, und er spricht mit niemandem über seine Überlegungen. Er zeigt sich gerne als selbstbewusster und optimistischer Mensch und versteckt seine Unsicherheiten.

Die Bedeutung der Zahl 5

In der Numerologie ist die Zahl 5 als der erfahrene Einsiedler bekannt.

Für Menschen mit dieser Zahl ist das Leben ein aufregendes Abenteuer.

Sie sind analytisch und logisch und möchten die Geheimnisse von allem, was um sie herum geschieht, entdecken. Unwissenheit und Mangel an Wissen stören sie.

Intelligenz ist für sie die beste Tugend. Sie sind brillant und sie wissen es, aus diesem Grund sind sie ein wenig arrogant, neugierig und werden versuchen, ihr Wissen zu erweitern.

Sie sind in der Regel melancholische und introvertierte Menschen. Sie sind jedoch gut darin, anderen zuzuhören und Ratschläge zu geben.

Ihr Lebensziel ist es, zu lernen, und Geld ist für die Zahl 5 nur ein Mittel, um zu reisen oder Zeit zu kaufen, damit sie sich in Ruhe dem Studium der Themen widmen können, die sie interessieren. Reich zu werden ist nie ihr Ziel, und ihre Energie wird auf etwas Höheres gerichtet sein.

Sie sind nicht sehr kommunikativ, und selbst ihre engsten Freunde halten sie oft für eine unbekannte Größe. Für eine Nummer 5 ist es wichtig, ihre Privatsphäre zu schützen und eine emotionale Distanz zu anderen zu wahren, da sie sich dadurch geschützt fühlen. Im Übrigen isolieren sie sich von den Menschen, die ihren Kern bilden.

5er sind intellektuelle Menschen, aber sie können sich auch dem religiösen Leben widmen.

Manche sind introvertiert und genießen die Einsamkeit wie keine andere Gruppe. Sie wollen nicht gequält werden und möchten, dass ihre Privatsphäre respektiert wird.

Sie sind Stubenhocker und knüpfen immer starke und dauerhafte Freundschaften, haben aber kein so aktives Sozialleben.

Sie haben eine unglaubliche Vorstellungskraft und intellektuelle Kapazität. Sie machen gerne das Beste aus ihrer Zeit, denn für sie ist Spaß eine Art der Zeitverschwendung. Wenn es nach ihnen ginge, würden sie jede Minute ihres Lebens dem Lernen widmen.

Die Zahl 5 hat das Bedürfnis nach Zuneigung und nach dem Gefühl, geliebt zu werden, aber sie weiß nicht, wie sie darum bitten kann und wie sie auf andere Menschen zugehen soll. Sie sind von ihren Gefühlen abgekoppelt, und ihre eigenen Gefühle sind ihnen fremd, als ob es jemand anderes wäre, der sie fühlt.

Sie neigen dazu, egoistisch mit Geld umzugehen, was aber nicht bedeutet, dass sie darauf aus sind, Reichtum anzuhäufen, sondern vielmehr, dass sie es vorziehen, ihre Ressourcen so zu verwalten, dass sie ihre Ruhe haben und ihre intellektuellen Fähigkeiten den Dingen widmen können, die sie wirklich interessieren.

Wenn jemand eine Zahl 5 beleidigt, wird sie nicht mit Beleidigungen oder Kämpfen reagieren, aber wenn die Beleidigung groß ist, wird die Zahl 5 die Zuneigung zurückziehen, die sie gegenüber ihrem Angreifer empfindet. Wenn die Zahl 5 ihre Wertschätzung gegenüber jemandem verliert, ist das für immer. Sie sind unerbittlich und unversöhnlich.

Die Bedeutung der Zahl 6

Menschen mit der Zahl 6 zeigen nach außen hin eine friedliche Miene. Das ist nur eine Fassade, denn innerlich werden sie oft von existenziellen Problemen und Ängsten gequält.

Sie spüren ständig ein Gefühl der Gefahr, das entweder wirklich existiert oder nur ein Hirngespinst ist. Sie können eine tiefe Angst vor Veränderungen, Fehlern, Einsamkeit und Verrat empfinden.

Sie leiden unter Unsicherheit und mangelndem Selbstvertrauen. Sie glauben, dass sie nicht in der Lage sind, mit Konfliktsituationen umzugehen, und das macht ihnen Angst.

Trotz ihrer Schüchternheit kommunizieren sie gut in der Gesellschaft. Sie neigen jedoch dazu, sich beobachtet und verfolgt zu fühlen, weshalb sie niemandem vertrauen. Sie zweifeln an den Absichten der Menschen, und manchmal führt diese Haltung dazu, dass sie sich isolieren.

Menschen mit der Zahl 6 hassen Verwirrungen, die mit dem Gefühlsbereich zusammenhängen, sie sagen klar, was sie fühlen und erwarten das Gleiche von ihren Partnern. Sie bemühen sich zu sehr, freundlich und höflich zu sein.

Die Zahl 5 hat eine doppelte Persönlichkeit, ihre innere Welt ist völlig anders als die Welt, die sie nach außen hinzeigt.

Die Zahl 6 hat Schwierigkeiten, sich selbst zu erkennen, sie ist instabil und schwankt zwischen übertriebenem Optimismus und dramatischem Pessimismus, sie weiß nicht, wie sie das Gleichgewicht finden soll.

In ihren Beziehungen schwanken sie von einem Extrem zum anderen; wenn sie jemanden treffen, den sie mögen, betrachten sie ihn oder sie sofort als den besten Freund der Welt. Irgendwann werden sie jedoch desillusioniert und entfernen sich von dieser Person.

In der Kindheit haben Menschen mit der Zahl 6 Angst vor Autoritätspersonen empfunden, die meisten wurden von besitzergreifenden Menschen erzogen, die diese Unsicherheit in der Zahl 6 noch verstärkten.

Als Erwachsene versuchen sie, diesem Gefühl der Unsicherheit entgegenzuwirken, indem sie eine gefühlsbetonte Beziehung zu einer Person aufbauen, die ihnen das Gefühl der emotionalen Sicherheit vermittelt.

Wenn es darum geht, Entscheidungen zu treffen, zögert Nummer 6, seine Meinung zu äußern oder sich zu einem Thema zu äußern. Wenn er gezwungen wird, seine Meinung zu sagen, wird er kaum zeigen, was er wirklich fühlt, es sei denn, er ist mit Menschen zusammen, denen er vertraut.

Bei der Arbeit sind sie energisch und effizient. Sie können sich konzentrieren.

Sie können befördert werden und wichtige Positionen einnehmen, weil sie detailorientiert und ausdauernd sind.

Sie können im Team arbeiten und Aufträge reibungslos ausführen.

Sie sind rücksichtsvoll gegenüber ihren Familienmitgliedern und zeigen leicht ihre Zuneigung.

Die Bedeutung der Zahl 7

Die Zahl 7 ist die spirituellste Zahl. Diese Menschen verfügen über eine enorme intuitive Fähigkeit.

Was sie quält, ist das Gefühl, dass sie das Leben nicht ausnutzen. Sie brauchen ständig neue Erfahrungen, durch die sie lernen und sich Wissen aneignen können. Sie lieben es, zu reisen, andere Kulturen kennenzulernen, neue Sprachen zu lernen und werden alles tun, um ihre Abenteuerlust zu befriedigen.

Im Allgemeinen haben Menschen mit der Zahl 7 eine Kindheit erlebt, in der sie intellektuell angeregt wurden, gelernt haben, selbständig zu denken und ein sehr gutes Urteilsvermögen haben.

Sie gehen gerne Beziehungen zu Menschen ein und knüpfen dauerhafte Bindungen. Freundschaft ist für die Zahl 7 eine ernste Angelegenheit, er hat wenige Freunde, aber er hält seine Freundschaften für das Leben.

Sie sind unterstützend und mitfühlend. Sie sind einfühlsam und versetzen sich in die Lage des anderen. Im Allgemeinen engagieren sie sich in irgendeiner Form für wohltätige Zwecke.

Es ist nicht leicht, eine Zahl 7 zu täuschen, denn dank ihrer Intuition erkennen sie ohne Schwierigkeiten das Böse, die Falschheit und schlechte Absichten. Sie wählen gut die Menschen in ihrem inneren Kreis, sie mögen altruistische Menschen und bleiben weg von unsensiblen und egoistischen Menschen. Diese Haltung hat ihnen den Ruf eingebracht, arrogant zu sein.

Sie schätzen das Gleichgewicht zwischen ihrem sozialen Leben und der Zeit, in der sie allein über ihre Situation nachdenken können.

Die Zahl 7 ist utopisch; sie fängt Aktivitäten an, die sie nie zu Ende bringt, oder macht Pläne, die sie nie ausführt. Infolgedessen leiden sie wahrscheinlich an Pessimismus.

Sie lassen sich von ihrer Intuition leiten. Sie sind extrovertiert und lustig. Einsamkeit wird nie mit Nummer 7 einverstanden und verursacht Veränderungen in ihrem Temperament.

Alle Menschen mit der Zahl 7 zeichnen sich dadurch aus, dass sie fleißig und introspektiv sind. Sie analysieren gerne Wissen und nehmen neue Perspektiven zu den Themen ein, die sie entdecken.

Sie begeistern sich für intellektuelle Debatten, in denen sie ihre Standpunkte verteidigen und gleichzeitig die Meinungen anderer anhören können.

In ihrer Kindheit wurde die Zahl 7 dazu erzogen, Ängste zu überwinden, indem sie ihre Fantasie einsetzte. Es ist üblich, dass Menschen mit dieser Zahl kein gutes Verhältnis zu ihren Eltern hatten und gegen die elterliche Autorität rebelliert haben. Wenn sie es wollen, können sie sehr charmant sein und die Sympathie aller gewinnen.

Die Bedeutung der Zahl 8

Menschen mit der Zahl 8 zeichnen sich dadurch aus, dass sie sehr sensibel sind. Aufgrund dieser Sensibilität sind sie beeinflussbar. Sie sollten mit Feingefühl behandelt werden, da sie leicht verletzt werden können.

Im sozialen Bereich glänzen sie durch ihre Sympathie, ihr Charisma und ihre schnelle Auffassungsgabe. Sie sind attraktiv wegen ihrer Umgangsformen und ihrer Bildung.

Sie sind etwas hart in der Beurteilung anderer. Sie neigen dazu, mit ihren Fehlern mitfühlend umzugehen, sind aber starr und fordernd, wenn es um die Fehler der anderen geht.

Sie akzeptieren nicht, dass jemand sie auf ihre Fehler hinweist, und sie lassen die Fehler anderer kaum unbemerkt. Nachsicht ist nur für sie selbst legitim. Sie können ein bisschen grausam sein.

Die Zahl 8 hat im Allgemeinen ein sehr hohes Selbstwertgefühl und zeigt dies durch sarkastische Kommentare.

Bei der Arbeit sind sie nicht gut im Teamwork, sie sind rebellisch und verursachen eine Menge Konflikte. Sie neigen zu Selbstmitleid und denken, dass sie die unglücklichsten und unglücklichsten Menschen auf diesem Planeten sind.

Sie sind sehr unbeständig in ihrer Stimmung, an einem Tag können sie sehr interessiert an etwas oder jemandem sein, und am nächsten Tag können sie ihr Interesse völlig verlieren. In der Liebe können sie in einem Moment sehr liebevoll sein, und im nächsten können sie völlig gleichgültig sein. Sie möchten, dass ihre Wünsche erfüllt werden, und um dies zu erreichen, benutzen sie ihre Worte, denn sie sind ausgezeichnete Redner und überzeugen jeden mit Leichtigkeit.

Ihr Verhalten variiert je nach ihrer Bequemlichkeit. Sie sind ohne Grund rebellisch und befolgen nicht gerne Befehle. Wenn es ihnen jedoch passt, verhalten sie sich wie die fügsamsten Menschen der Welt.

Geldliebhaber, die Nummer 8 lebt bequem, ohne wirtschaftliche Probleme. Sie sind sparsam und gute Manager.

Wenn jemand sie verletzt, was leicht möglich ist, werden sie rachsüchtig und hören nicht eher auf, bis *sie das Gefühl haben, dass sie in Naturalien entschädigt wurden. Bei Menschen, denen sie vertrauen, sind sie jedoch sensibel und immer bereit, ihren Lieben zu helfen.*

Die 8er sind keine melancholischen Menschen und viel weniger nachdenklich. Sie genießen gerne die Freuden des Lebens ohne philosophische oder existenzielle Probleme. Sie haben in der Regel einen fröhlichen Charakter im Umgang mit anderen.

Die Bedeutung der Zahl 9

Menschen mit der Zahl 9 sind geistig unabhängig und leiden, wenn sie sich genötigt fühlen.

Ihre Persönlichkeit ist sehr optimistisch, sie schaffen es, allem eine positive Seite abzugewinnen, egal wie dramatisch die Situation auch sein mag.

Sie sind direkt und ehrlich, und wenn sie Personal zu betreuen haben, treffen sie unparteiische Entscheidungen. Diese Eigenschaft bringt ihnen schnell die Wertschätzung ihrer Untergebenen ein.

Sie hassen Verrat, und wenn sie jemanden verraten würden, würden sie ihm niemals verzeihen. Sie sind Menschen, die wissen, wie sie Dinge sagen müssen, um niemanden zu verletzen. In der Gesellschaft zeichnen sie sich durch ihre brillanten Antworten aus.

Sie sind aufmerksam und detailorientiert. Sie wissen, wem sie vertrauen können und wem nicht, obwohl sie nie jemanden schlecht behandeln würden.

Sie sind nie schlecht gelaunt, ihr Charakter ist fröhlich und deshalb möchte jeder an ihrer Seite sein.

Die Sünde der Zahl 9 ist Faulheit. Sie sind nicht aktiv; sie schlafen und ruhen gerne, ohne etwas zu tun. Sie sind nicht misstrauisch und lassen sich leicht von anderen beeinflussen.
Sie sind sich über ihre Ziele nicht ganz im Klaren und Lassen sich deshalb von den Ideen anderer mitreißen. Manchmal sind sie unverantwortlich, lassen sich von Emotionen mitreißen und denken nicht an die Konsequenzen.

Sie haben in der Regel Glück, aber durch Nachlässigkeit verpassen sie Gelegenheiten, die andere Zahlen sofort ausnutzen würden.
Sie haben Angst vor Schwierigkeiten, laufen vor ihnen weg, wenn sie auftreten, und sind nicht in der Lage, komplizierten Situationen zu widerstehen.

In der Liebe kann die Zahl 9 dazu neigen, Gefühle zu übertreiben, aber sie ist leidenschaftlich.

Der Pessimismus der Menschen um sie herum beeinträchtigt sie nicht, da ihr Optimismus jeder Situation standhält.
Sie sind nicht nachtragend; sie vergessen Kränkungen schnell. Sie haben ein edles Herz und eine edle Seele.

Sie sind großzügig und immer bereit, die Fehler anderer zu entschuldigen, sie sind nicht anspruchsvoll mit anderen.

Sie geben oft ihre eigenen Wünsche auf, um die Erwartungen anderer an sie zu erfüllen. Sie sind keine Kämpfer und neigen daher dazu, leicht aufzugeben.

So berechnen Sie Ihre Ziel- oder Ausdrucksnummer

Ihre Schicksals- oder Ausdruckszahl wird auf der Grundlage Ihres Vor- und Nachnamens berechnet. Diese Zahl zeigt Ihre Talente, Gaben und Schwächen.

Er wird mit Ihrem vollständigen Namen berechnet, wenn Sie zwei Namen haben, müssen Sie diese verwenden und Abkürzungen vermeiden. Jedem Buchstaben Ihres Namens müssen Sie anhand der folgenden Tabelle eine Zahl zuordnen:

1 - A, J, S

2 - B, K, T

3 - C, L, U

4 - D, M, V

5 - E, N, W

6 - F, O, X

7 - G, P, Y

8 - H, Q, Z

9 - I, R

Anmerkung: *Für die folgenden Buchstaben: "CH" verwendet C = 3 und H = 8. "LL" als zwei L, d.h. 3-3 und "Ñ" ist 5, wie N*

Wenn Sie die Zahlen gefunden haben, die den einzelnen Buchstaben Ihres Namens entsprechen, müssen Sie diese addieren und auf eine einzige Ziffer reduzieren.

Vergessen Sie nicht, die Nachnamen anzugeben. Die einzigen Zahlen, die Sie nicht reduzieren können, sind 11 und 22, da es sich um Stammzahlen handelt.

Nachdem Sie Ihren Vor- und Nachnamen in eine einzige Ziffer umgewandelt haben, müssen Sie diese addieren und auf eine einzige Ziffer reduzieren. Das ist dann die Nummer Ihres Ausdrucks.

Für unseren Freund Juan Carlos Pau würde das folgendermaßen aussehen:

1+3+1+5+3+1+9+3+6+1+7+1+3 = 44

27 ist eine zusammengesetzte Zahl und muss vereinfacht werden:

4 + 4 = 8

Juan Carlos Pau Ausdrucksnummer ist 8.

Bedeutungen von Ziel- oder Ausdrucksnummern

Ausdruck oder Zielnummer 1

Sie sind unabhängig und leidenschaftlich. Sie können die Emotionen der Menschen um Sie herum beeinflussen. Sie sind die Nummer eins, daher sind Sie ein Führer par excellence, weil Sie eine magnetische Aura der Autorität besitzen. Diejenigen, die diese Ausdruckszahl besitzen, sind manchmal eitel und eingebildet, ihre Identität ist intensiv, und wenn andere nicht mit ihren Interessen übereinstimmen oder ihre Erwartungen nicht erfüllen, versinken sie in Pessimismus und Melancholie.

Ausdrucksnummer oder Ziel 2

Sie sind nachlässig, fahrlässig und apathisch. Sie besitzen einen scharfen Instinkt. Sie sind großzügig und unhöfliche Worte ärgern sie. Sie werden reizbar und verärgert, wenn sie mit Konflikten konfrontiert werden. Sie sind gesellig und lieben ihre Freunde.

Ausdruck oder Zielnummer 3

Sie sind spirituelle Träumer, großzügig, ausdrucksstark und enthusiastisch. Sie können die Menschen um sie herum beeinflussen. Sie sind freundlich, haben eine ausgezeichnete Intelligenz und

die Fähigkeit, sich auszudrücken, und begegnen
Konflikten mit Mut und Kreativität.

Ausdruck oder Zielnummer 4

Diese Menschen sind organisiert und lösen Konflikte
methodisch. Sie lieben Musik und Kunst. Sie genießen
es, wenn sie in einer Beziehung sind, für sie ist die
Liebe das Erhabenste im Universum. Man kann ihnen
mit geschlossenen Augen vertrauen, aber manchmal
sind sie sehr stur und unerbittlich.

Ausdruck oder Zielnummer 5

Diese Menschen lieben die Veränderung, sind gerne
unabhängig und immer auf der Suche nach neuen
Erfahrungen und Herausforderungen. Sie nutzen die
Umstände aus und genießen das Leben in vollen
Zügen. Manchmal sind sie unvorsichtig und machen
Fehler, aber weil sie so geschickt sind, kommen sie
schnell aus Herausforderungen heraus.

Ausdrucksnummer oder Ziel 6

Sie sind charmante, freundliche, mitfühlende und
einfühlsame Menschen. Manchmal neigen sie dazu,
sich mehr um andere zu kümmern als um sich selbst.
Sie sind ehrlich und gesetzestreu. Sie sind sehr faire
Menschen. Sie verfügen über die Fähigkeit zu heilen
und sind kreativ.

Ausdruck oder Zielnummer 7

Sie sind intelligent, geistreich, aufschlussreich und haben eine große Lebensfreude, die sie dazu bringt, alle bekannten und unbekannten Bereiche zu erforschen. Sie sind diskret mit ihren Gedanken und Neigungen. Manche sind skeptisch und eigenbrötlerisch.

Nummer des Ausdrucks oder des Ziels 8

Diese Menschen verfügen über ein unglaubliches Potenzial. Wenn sie sich ein Ziel setzen, erreichen sie es auch, denn sie sind aggressiv in ihren Bestrebungen. Überfluss, Wohlbefinden, Glück und Reichtum sind in ihrem Leben immer präsent.

Ausdruck oder Zielnummer 9

Menschen mit dieser Zahl haben eine erstaunliche Zielstrebigkeit und Menschlichkeit. Ihre Interessen und Perspektiven zielen immer darauf ab, Veränderungen herbeizuführen, die der Welt als Ganzes zugutekommen. Sie urteilen nicht gerne, weil sie glauben, dass alle Seelen einen Funken des Guten und der Liebe in sich tragen.

Ausdruck oder Ziel-Stammnummern

Ausdruck oder Zielnummer 11

Menschen mit dieser Zahl sind alte Seelen, die unzählige Inkarnationen erlebt haben. Sie sind leidenschaftlich bei allem, was sie tun. Sie sind empfindlich gegenüber ihrer Umwelt und müssen sich daher vor schwarzer Magie oder negativen Energien schützen.

Ausdruck oder Zielnummer 22

Ihre Fähigkeiten machen Sie vertrauenswürdig. Diese Zahl steht für jene Menschen, die verstehen, dass wir auf diesen Planeten kommen, um uns zu entwickeln. Sie sind leicht frustriert über den Mangel an Werten der Menschen.

Ausdruck oder Zielnummer 33

Sie sind strenge, aber liebevolle Menschen. Sie sind von Geburt an Führungspersönlichkeiten. Sie haben eine magnetische Ausstrahlung, die man spüren kann, wenn man in ihrer Gegenwart ist. Sie können große Projekte in Angriff nehmen, egal wie schwierig sie sind. Sie sind immer bereit, jedem zu helfen, der in Not ist, vermeiden Konflikte und lieben den Frieden. Sie mögen es nicht, mit aggressiven Menschen zusammenzukommen, weil ihre Persönlichkeit friedlich ist. Sie können überreden.

Karmische Schulden Zahlen

Die karmischen Schuldzahlen enthalten eine hohe Konzentration von karmischen Ereignissen aus der Vergangenheit, und diese Ergebnisse sind noch in diesen Lebenszeiten zu spüren. Es ist hilfreich zu wissen, wie diese Menschen durch diese Zahlen geschädigt werden, und wie sie diese Herausforderungen überwinden können. Diese Zahlen können die Schwingungen beeinträchtigen, da die spirituellen und karmischen Altlasten, die sie enthalten, in einzigartiger Weise zum Ausdruck kommen.

Die Zahlen der karmischen Schulden sind 13, 14, 16 und 19. Wann immer sie in den Ergebnissen vor der Vereinfachung eines Endbetrags auftauchen, sollten Sie wegen der schädlichen Auswirkungen, die sie verursachen können, genau aufpassen.

Menschen mit karmischen Schuldzahlen sind gesegnete und auserwählte Menschen, denn wenn sie diese Herausforderungen überwinden, entwickeln sie sich anders, sie erwerben spirituelle Kräfte und das unterscheidet sie von anderen.

Karmische Schuld Nummer 13

Diese Menschen sollten nicht desillusioniert sein, denn Frustrationen, Enttäuschungen und Verluste sind die Grundlage für ihr Lernen.

Menschen mit der karmischen Schuld Nummer 13 stehen aufgrund ihrer egozentrischen Handlungen in der Vergangenheit vor vielen Hindernissen und zahllosen Misserfolgen.

Um erfolgreich zu sein, muss die karmische Schuld Nummer 13 ausdauernd sein, für seine Träume kämpfen, Disziplin haben und niemals unethische Wege einschlagen, um erfolgreich zu sein.

Karmische Schuld Nummer 14

Menschen mit der karmischen Schuld Nummer 14 verbringen die meiste Zeit ihres Lebens in Krisen, die sie deprimieren, aber sie können sie überwinden, wenn sie ihre mentale Stärke einsetzen.

Diese Menschen ziehen viele Herausforderungen an. Sie haben ihre Macht und Freiheit in anderen Leben missbraucht, so dass sie sich in diesem Leben im Sumpf von Sex, Drogen und Alkohol wiederfinden. Sie neigen dazu, sich Lastern hinzugeben und ihren freien Willen negativ zu missbrauchen. Wenn sie Kontrolle ausüben und diszipliniert sind, können sie ihre Ziele erreichen. Sie müssen organisiert und engagiert sein, um zu bekommen, was sie wollen.

Karmische Schuld Nummer 16

Diese Menschen verfolgen Dinge, die nicht für sie bestimmt sind, und verbringen viel Zeit damit. Wenn sie scheitern, fühlen sie sich unglücklich, weil diese Ziele nicht eine Verschwendung von Zeit und ein sinnloser Kampf waren. Menschen mit der karmischen Schuld Nummer 16 sind an Wahnvorstellungen und Illusionen gekettet. Sie müssen diese Herausforderungen als Punkte der Metamorphose nutzen. Sie sollten ihre unruhigen und besorgten Gemüter beruhigen, aus ihrer Welt der Illusionen heraustreten und versuchen, bescheiden zu sein.

Karmische Schuld Nummer 19

Diese Menschen werden mehrfache Trennungen erleben. Das kann in ihrem Freundeskreis sein, im Kreis ihrer Lieben oder bei der Trennung von ihren Zielen. Diese Menschen sollten versuchen, sich nicht zu isolieren.

Menschen mit der karmischen Schuld Nummer 19 sind seit ihrer Kindheit gezwungen, unabhängig zu sein, und diese Unabhängigkeit lässt sie glauben, dass es eine Voraussetzung ist, unabhängig zu sein. Als

Erwachsene streben sie danach, allein zu sein und lehnen jede Hilfe ab.

Das Phänomen, wiederholte Zahlen zu sehen.

Es ist eine Tatsache, dass wir von Zahlen umgeben sind und jede Sekunde mit ihnen in Berührung kommen, aber es gibt Zeiten, in denen wir das Gefühl haben, dass uns bestimmte Zahlen verfolgen, die sich überall wiederholen: auf Uhren, Computern, Autokennzeichen, im Fernsehen, auf Einkaufsbelegen und sogar in Träumen. Es gibt keinen Zufall, es gibt Synchronizität, und dieses Phänomen wird als numerische Synchronizität bezeichnet.

Vielleicht war dies in der Vergangenheit eine Seltenheit, aber immer mehr Menschen werden Zeuge dieses Phänomens, und viele stellen die etablierten Modelle in Frage, um eine gültige Antwort für sie zu finden.

Fachleute auf diesem Gebiet bestätigen, dass dieses Mysterium zusammen mit einem höheren globalen Bewusstsein neue Empfindungen hervorruft, die viele Menschen veranlassen, sich spirituell weiterzuentwickeln. Diese Manifestation des wiederholten Sehens von Zahlen kann auch als ein Zeichen kategorisiert werden. Fast jeder von uns hat Zahlen, die er als Glücksbringer oder bevorzugt ansieht, und es kann passieren, dass wir diese Zahlen plötzlich überall sehen. Wenn wir diese Art von Botschaft erhalten, die meist für unsere eigenen Augen verborgen ist, aber nicht für unseren Verstand, zeigt das, dass wir andere Realitäten wahrnehmen können.

Von der Antike bis in die Neuzeit hat die heilige Wissenschaft der Numerologie ihre Bekanntheit bewahrt. Zahlen lehren Möglichkeiten für Wachstum, Lebenslehren und Unterweisung in jeder Erfahrung.

Manche Menschen sehen numerische Sequenzen von bestimmten bedeutenden Ereignissen. Aber die häufigsten Zahlenmuster sind 11:11, 222 und 333. Alle diese Zahlen sind laut Astrologie und Numerologie Meisterzahlen mit einer einzigartigen Bedeutung. Sie repräsentieren verschiedene Aspekte des inneren Selbst, von der Persönlichkeit bis zur Spiritualität, diese Zahlen beeinflussen mehr als andere und fesseln daher unsere Aufmerksamkeit.

11:11 - Achten Sie auf Ihre Gedanken und stellen Sie sicher, dass Sie nur an das denken, was Sie wollen, und nicht an das, was Sie nicht wollen. Diese Sequenz ist ein Zeichen dafür, dass sich eine Gelegenheit auftut, und deine Gedanken materialisieren sich sehr schnell.

222 - Unsere neu gepflanzten Ideen beginnen sich zu entfalten. Pflegen Sie sie weiter und sie werden sich bald manifestieren. Mit anderen Worten: Geben Sie nicht auf, bevor das Wunder geschieht.

333 - Die aufgestiegenen Meister sind dir nahe und möchten, dass du weißt, dass du ihre Hilfe, Liebe und

Begleitung hast. Rufe die aufgestiegenen Meister oft an, vor allem, wenn du Muster mit der Zahl 3 um dich herum entstehen siehst.

Diese Figuren erhöhen das Bewusstsein und die Wahrnehmung, weil sie uns einen Kanal zum Unterbewusstsein bieten.

Dieses Phänomen tritt unerwartet, aber genau im richtigen Moment und aus einem bestimmten Grund auf und verändert manchmal die Richtung unseres Lebens und beeinflusst unsere Gedanken. Wenn das Universum eine Botschaft für uns hat, ist dies eine der Möglichkeiten, unsere Aufmerksamkeit zu erlangen. Wir müssen für die Welt um uns herum empfänglich bleiben, denn Zahlen sind die Sprache der Natur und alles um uns herum kann durch Zahlen dargestellt werden.

"Alles im Universum ist mathematisch präzise und jede Zahl hat ihre eigene Energie, Schwingung und Bedeutung. Die Anordnung der Zahlen in einer Folge hat eine besondere Bedeutung." Pythagoras

Numerologie für Babys, die im Jahr 2024 geboren sind

Babys Nummer 1

Sie werden ein Kind mit Führungsqualitäten sein. Sie haben die angeborene Fähigkeit, zu verhandeln, zu kontrollieren und Menschen und Projekte zu managen.

Babys Nummer 2

Sie werden berechnende und starke Kinder sein. Sie haben eine positive Einstellung zu den Herausforderungen des Lebens und eine Menge Selbstvertrauen.

Babys Nummer 3

Sie werden sehr gerechte, vernünftige und gelassene Kinder sein.
Diese Kinder werden immer für eine gerechte Sache eintreten. Sie werden sehr scharfsinnig sein und ein erhöhtes Bewusstsein haben.

Babys Nummer 4

Sie werden Kinder sein, die immer auf der Suche nach Herausforderungen sind, sie werden keine Angst vor Hindernissen haben, weil diese Rückschläge sie stärker machen.

Babys Nummer 5

Sie werden Kinder mit finanziellen Fähigkeiten sein, sie werden nicht materialistisch sein. Sie werden über ausgezeichnete Fähigkeiten im Umgang mit Geld und im Geschäftsleben verfügen. Sie haben vielleicht eine Begabung für Mathematik.

Babys Nummer 6

Sie werden Kinder sein, die um ein Gleichgewicht zwischen der materiellen und der geistigen Welt kämpfen. Sie werden immer versuchen, Harmonie zwischen ihrer Arbeit, ihrem sozialen und ihrem persönlichen Leben zu bewahren.

Babys Nummer 7

Sie werden verantwortungsvolle und gebende Kinder sein. Diese Kinder werden intelligent sein, sie möchten anderen helfen. Sie werden auch sehr spirituell sein.

Babys Nummer 8

Diese Kinder werden sehr stabil und selbstbeherrscht sein. Sie werden organisiert, stabil und sehr wohlhabend sein.

Babys Nummer 9

*Sie werden willensstarke Kinder sein.
Sehr fleißig und zielorientiert. Sie sind unabhängig und verfügen über eine unglaubliche Entschlusskraft.*

Definition des Persönlichen Jahres

Wahrscheinlich stellen Sie sich jedes Mal, wenn ein Jahr beginnt, Fragen und schreiben Ziele auf, ohne zu wissen, welche Herausforderungen das neue Jahr für Sie bereithält.

Wenn ein Jahr beginnt, schließt sich ein Kapitel in unserem Leben, aber es beginnt ein Zyklus, der uns herausfordert, weil wir nicht sicher sind, ob alle unsere Träume wahr werden können.

Was steht im neuen Jahr für mich an? Werde ich ein Haus kaufen, einen neuen Partner finden, den Job wechseln? Ist dies das richtige Jahr, um Kinder zu bekommen?

Es ist wichtig, einen offenen Geist zu haben, wenn wir so unsicher über Dinge sind, die neu oder anders sind. Aber mit der Numerologie können wir unser persönliches Jahr nutzen und eine Vorstellung davon bekommen, wie die Dinge sein könnten.

Die universellen Jahreszahlen unterscheiden sich von den anderen, da sie nicht von Ihrem Namen und Geburtsdatum abhängen. Die ersten beiden Ziffern der Jahreszahl stehen für die Bilanz dieses Jahrhunderts. Die dritte Ziffer der Jahreszahl symbolisiert den Rhythmus des Jahrzehnts. Die vierte Ziffer hat keine besondere Bedeutung.

Wie Sie Ihr persönliches Jahr berechnen.

Dies ist ein Beispiel:

Juan Carlos wurde am 7. Dezember 1965 geboren.

Um Ihr persönliches Jahr 2024 zu erfahren, machen wir diese Berechnung:

7 (Tag der Geburt) + 1+2 (Monat der Geburt) + 2 + 0 + 2 + 2 + 4(Anfangsjahr) = 18 (1 + 8) = 9

Für Juan Carlos ist das Jahr 2024 ein persönliches Jahr 9.

Diese Zahl ist wichtig, insbesondere wenn das Ergebnis eine der Hauptzahlen ist: 11, 22, 33.

Das persönliche Jahr beschreibt, was Sie in dieser Zeit tun müssen. Es werden Optionen, Veränderungen oder Verstärkungen sein, die Ihren Weg bereichern werden.

Jahr Personal 1

Schlüsselwörter für Jahr 1*: Transformation,
Forschung, Engagement.*

*Ein neues Kapitel in Ihrem Leben beginnt.
Wahrscheinlich ziehen Sie um, bekommen einen neuen
Job oder lernen neue Menschen kennen, die Ihr Leben
für immer verändern werden.*

*In diesem Jahr werden Sie den Grundstein für neue
Projekte und Ideen legen. Es ist eine Phase, in der Sie
neu geboren werden. Du solltest dieses Jahr als die
perfekte Zeit betrachten, um verschiedene Aspekte
deines Lebens zu verändern. Es gibt Dinge, die nicht
mehr für dich funktionieren, und du musst sie
loslassen.*

*Dieses Jahr bietet Ihnen die Einladung, Mut zu fassen
und zu versuchen, Ihre Träume zu verwirklichen, Sie
werden wirklich Begeisterung für Veränderungen
haben. Fassen Sie Mut und erkunden Sie neue
Möglichkeiten und Einstellungen, die Ihnen helfen
werden, den Schwerpunkt Ihres Lebens zu verändern.*

*Dieses Jahr 2024 ist eine persönliche Einladung, zu
vertrauen, darüber nachzudenken, was Sie wollen,
objektiv zu wählen und zu entscheiden, was Sie*

erreichen wollen. Versuchen Sie, das zu wählen, was Sie wirklich glücklich macht.

Beginnen Sie damit, die Dinge zu katalogisieren, die Sie ändern wollen, einschließlich Verbesserungen in Ihrem täglichen Leben, wie z. B. die Änderung Ihrer Essgewohnheiten oder sportliche Betätigung. Denken Sie daran, dass Sie etwas nur dann beginnen können, wenn Sie es konsequent und entschlossen planen.

Dieses Jahr ist die perfekte Gelegenheit, einen Zyklus zu schließen, Sie müssen alles hinter sich lassen, was Ihnen nicht nützlich ist. Konzentriere dich auf das, was dir hilft zu wachsen, dich zu entwickeln oder zu lernen. Habt keine Angst, das loszulassen, was in der Vergangenheit nützlich war.

Du musst die Vergangenheit vergessen und in die Zukunft blicken. Es sind zu viele Dinge geschehen, die deinen Verstand verwirrt haben, die dich daran hindern, die Wege zu beschreiten, die zum Glück führen.

Wenn Sie Unternehmen und Projekte haben, bemühen Sie sich, sie wachsen zu lassen, ohne etwas zu erzwingen. Versuchen Sie, allem einen Rhythmus zu geben.

Versuchen Sie, keine neuen Schulden zu machen.

Das Leben wird Sie belohnen.

Persönliches Jahr 2

Schlüsselwörter für Jahr 2: *Verantwortung, Harmonie, Stabilität.*

In diesem Jahr sollten Sie weiter aufbauen. Das Jahr 2024 wird Ihnen ermöglichen, Tutoren, Lehrer oder sogar einen Partner zu treffen. Die Energien des Jahres konzentrieren sich auf Zusammenarbeit und Geduld.

Sie beginnen eine Entwicklungsphase, und Sie müssen Ihre Initiativen in die Praxis umsetzen. Dieses Jahr 2 mag langsam erscheinen, aber es ist eine Zeit, in der Sie Ihre Ziele definieren.

Sie werden wahrscheinlich auf Hindernisse oder Menschen stoßen, die versuchen, Ihren Weg einzuschränken, deshalb ist es wichtig, dass Sie sich nicht überwältigen und ängstlich werden. Sie sollten sich keine Sorgen über die Dinge machen, die Ihre Initiativen behindern, das ist nur die natürliche Eingewöhnung und gehört zu Ihrem Wachstumsprozess.

Sie müssen lernen, diplomatischer und taktvoller zu sein. Die Menschen scheinen bereit zu sein, Sie abzulenken, aber das sollte Sie nicht daran hindern, neue Freunde zu finden.

Wenn die Summe bei der Berechnung 11 beträgt, bedeutet das, dass Sie den Moment erreicht haben, in dem Sie atmen, sich entwickeln und bewusstwerden können.

Das Jahr des Segens ist angebrochen. Versuchen Sie, alle giftigen Menschen loszuwerden, wenn Sie ein erfolgreiches Jahr haben wollen, vertrauen Sie niemandem.

Das Jahr 2024 bietet Ihnen die Gelegenheit, sich von den Sorgen der Vergangenheit zu lösen und Ihr Leben mit mehr Enthusiasmus in die Hand zu nehmen.

Das Leben wird Ihnen völlig neue Pläne präsentieren und Ihnen die Möglichkeit geben, Ihre Zukunft zu gestalten, wenn Sie die Vergangenheit hinter sich lassen. Es ist das Jahr, um an sich selbst zu denken, Grenzen zu überschreiten und sich nicht selbst zu sabotieren.

Man muss Mut haben und dem Leben positiv gegenüberstehen.

Persönliches Jahr 3

Schlüsselwörter für Jahr 3: *Beweglichkeit, Kreativität, Information.*

Dies ist das Jahr, in dem Sie nach Möglichkeiten suchen, Ihre Weisheit mit der Welt zu teilen. Du wirst dich als Teil eines größeren Ganzen fühlen und viel Zufriedenheit und Erfüllung erfahren.

Sie müssen sich von den Gefühlen der Einschränkung befreien, die Sie angesammelt haben. Die einzige Möglichkeit, in diesem Jahr Ergebnisse zu erzielen, besteht darin, deiner Kreativität freien Lauf zu lassen. Lassen Sie die Starrheit los, lassen Sie Ihrer Fantasie freien Lauf. Sie müssen die Extrameile gehen.

Suchen Sie sich ein neues Hobby, ändern Sie Ihre Gewohnheiten,
beginnen Sie mit der Umsetzung neuer Ideen und Lösungen für die Herausforderungen, die sich Ihnen auf dem Weg stellen.

Sie werden sehr hart arbeiten müssen, aber Sie könnten Ihre individuellen Bindungen stärken und formellere Beziehungen eingehen. Diese Bindungen werden auf die Probe gestellt, bestimmte Beziehungen passen nicht zu Ihnen. Vielleicht machen sie dir viel Spaß, haben aber eine dunkle Seite. Versuchen Sie, mit den Menschen, die Sie lieben, gemeinsame Ziele zu erreichen.

In diesem Jahr sollten Sie sich bewusster ernähren und sich ausruhen, da Ihr Energieniveau niedrig sein wird.

Persönliches Jahr 4
Schlüsselwörter für Jahr 4: *Erneuerung,*
Wiederherstellung, Innovation,
Durchsetzungsvermögen.

In diesem Jahr musst du hart arbeiten und organisiert
sein. Wenn du es schaffst, in der Gegenwart zu
bleiben, kannst du dorthin gelangen, wo du sein willst.
Jetzt ist es an der Zeit, dass Sie über Ihre persönlichen
Ziele nachdenken und sie analysieren. Sie müssen
einen Plan aufstellen, damit Sie etwas Bestimmtes und
Strukturiertes erreichen können.
Versuchen Sie, an Ihre Zukunft zu denken, versuchen
Sie, alle Verantwortungen zu übernehmen und alle
Ihre Projekte sorgfältig zu organisieren. Sie sind
vielleicht ein wenig selbstkritisch, was dazu führen
kann, dass Sie Ihre Ansichten stark vertreten,
entschlossener sind und kämpfen. Das ist positiv, denn
es erlaubt Ihnen, alle Veränderungen in Ihrem Umfeld
wahrzunehmen.
All dies wird sich unweigerlich positiv auf Ihre
familiären Beziehungen und engen Freundschaften
auswirken. Sie werden durchsetzungsfähiger sein, was
sich positiv auf Ihre persönlichen Beziehungen
auswirken wird.
Wenn Sie sich selbst organisieren, wird dies ein Jahr
des Wohlstands, des Überflusses und der Triumphe
sein. Vertrauen Sie auf sich selbst, denn Sie werden
Ihren Enthusiasmus zurückgewinnen und mit
Illusionen leben können.

*Trägheit ist in diesem Jahr Ihr schlimmster Feind,
ebenso wie negative Gedanken. Das Schicksal bietet
dir die Möglichkeit, alles zu erreichen, wonach du
dich sehnst, wage es, für diese Träume zu kämpfen.*

Persönliches Jahr 5

Schlüsselwörter für Jahr 5*: Charakter, Wille, Anstrengung, Mut, Mut, Ratifizierung, Anerkennung, Visualisierung.*

Ein Jahr, in dem Sie viele Abenteuer und Emotionen erleben werden und in dem Sie die Gelegenheit haben werden, Samen zu säen, mit der Absicht, erfolgreich zu sein.

Das Jahr 5 ist für Sie wie eine Injektion von Enthusiasmus, planen Sie, denn es ist ein Jahr mit vielen Veränderungen. Du musst auf einige unvorhergesehene Umstände vorbereitet sein. Versuchen Sie, für alle Chancen und Herausforderungen empfänglich zu sein.

Sie müssen einen klaren Kopf haben, vorsichtig sein und dürfen Ihr Potenzial nicht unterschätzen.

Versuchen Sie, Ihren Freundeskreis zu erweitern, Ihr Image in der Öffentlichkeit aufrechtzuerhalten und achten Sie genau auf die Verträge, die Sie unterschreiben müssen.

Kümmern Sie sich um sich selbst, denn nur so werden Sie den Erfolg haben, den Sie verdienen. Legen Sie sich Gewohnheiten zu, die es Ihnen ermöglichen, Ihren Wohlstand auf Jahre hinauszusichern. Kalkulieren Sie die Risiken und entscheiden Sie sich für die perfekten Gelegenheiten, wenn sie sich Ihnen bieten.

Überstürzen Sie nichts, handeln Sie klug und denken Sie immer daran, was langfristig das Beste für Sie ist. Vergessen Sie unmittelbare Ergebnisse und akzeptieren Sie, dass die Dinge Zeit brauchen und Sie nicht immer erwarten können, dass sie dann eintreten, wenn Sie es wollen.

Persönliches Jahr 6

Schlüsselwörter für Jahr 6*: Reorganisieren, Wiedergeboren werden, Reformieren, Ersetzen, Manifestieren, Verbreiten, Übermitteln, Informieren, Beteiligen.*

Das Jahr 2024 bietet Ihnen die Gelegenheit, sentimentale Wunden zu heilen und sich von all den verdrängten Emotionen zu befreien, die in Ihrem Unterbewusstsein schlummern.

Sie werden sich sehr auf Ihr Zuhause und Ihre Familie konzentrieren. Es ist die perfekte Zeit, um ein stabileres und harmonischeres Umfeld in Ihrer Umgebung zu schaffen.

Es ist wichtig, dass Sie in diesem Jahr lernen, all das zu teilen, was Sie in Hülle und Fülle erhalten haben. Es ist auch notwendig, dass Sie impulsive Handlungen vermeiden, damit Sie keine Fehler machen.

Handeln Sie stets nach ethischen Grundsätzen, versuchen Sie ruhig zu bleiben und seien Sie zuversichtlich in Ihren Entscheidungen. Sie werden unglaubliche Ergebnisse sehen, und das alles wird

*Ihrem Mut zu verdanken sein. Alles, was gelähmt war,
wird plötzlich zu fließen beginnen und Sie werden sich
befreit fühlen. Vielleicht werden Sie in manchen
Phasen eine Instabilität bemerken, aber das ist
notwendig, damit Sie die Routine durchbrechen
können.*
*Sie werden die Möglichkeit haben, zu reisen, zu
genießen und Exzesse jeglicher Art zu kontrollieren.*

Persönliches Jahr 7
***Schlüsselwörter für Jahrgangsstufe 7:** Untersuchung, Beobachtung, Überprüfung, Kontrolle, Verwandlung, Metamorphose.*

In diesem Jahr werden Sie viele Veränderungen erleben. Diese Veränderungen können sich auf deine Freundschaften, Beziehungen, Arbeit und dein Zuhause beziehen.
Es besteht die Möglichkeit, dass Sie jemandem begegnen, der Ihnen hilft, in Ihrem Beruf voranzukommen, oder dass Sie sich verloben.

Dieses Jahr ist ein "Klammerjahr", denn Sie werden aufhören
schätzen Sie alles, was Sie getan haben. Sie müssen alles loslassen, was nicht funktioniert, seien es Gegenstände oder Beziehungen.
Dazu müssen Sie Ihre analytischen Fähigkeiten perfektionieren und sich nicht scheuen, in aller Ruhe zu prüfen, was Sie einschränkt.

Durch diese Klärungsprozesse werden Ihre Beziehungen zur Diskussion gestellt. Durch den Vergleich beseitigen Sie Fehler und Irrtümer.

Sie werden sich zu esoterischen Themen hingezogen fühlen, aber Sie werden spirituell wachsen. Vergessen Sie nicht, dass jeder mit einem anderen Auftrag in dieses Leben kommt als Sie und dass Sie nicht über

*den Weg anderer urteilen sollten. Jeder ist dort, wo er
oder sie sein soll.*

Persönliches Jahr 8

Schlüsselwörter für Jahr 8: *Erfolg, Entwicklung, Wiederherstellung, Transformation, Rehabilitation, Wiederaufbau, Wohlstand.*

Viel Fülle und Erfolg auf eurem Weg. Sie werden sich gesegnet fühlen durch all die Gelegenheiten, die sich Ihnen bieten werden. Dieses persönliche Jahr hat mit Karma zu tun, wenn du also gut gehandelt hast, erwartet dich eine Dividende. Es wird ein wichtiges Jahr sein, indem du sehr beschäftigt sein wirst.

In diesem Jahr müssen Sie jedes Teil an seinen Platz stellen. Es ist Zeit, Entscheidungen zu treffen, nachzudenken und zu wählen, was und wenn du für dein Leben willst.

Sie werden sich selbstbewusster fühlen und mehr geistige Kapazität haben, um Herausforderungen zu meistern. Sie sollten Risiken eingehen und Studien beginnen, die Ihnen helfen werden, in Ihrem Beruf voranzukommen.
Sie werden Momente der Einsamkeit genießen wollen, begleitet von Ihren Gedanken, weit weg von der Hektik der sozialen Netzwerke. Sie sollten Meditation in Kombination mit Atemtechniken praktizieren. Schenken Sie überflüssigen Dingen und giftigen Menschen nicht so viel Bedeutung.

Persönliches Jahr 9

Schlüsselwörter für Jahr 9*: Überwinden, Beenden, Abschließen, Vollenden, Wahrnehmen, Wahrnehmen, unterrichtet werden, geschult werden, studieren, erfahren, vertiefen.*

Dieses Jahr wird schwierig sein, wenn Sie sich gegen Veränderungen sträuben. Es ist ein Jahr der Abschlüsse. Schmeißt weg, was nutzlos ist, und haltet euch von Energievampiren fern.

Umgeben Sie sich mit Menschen, die Ihnen Wissen und gute Energie bringen. Schütze dich vor schwarzer Magie. Organisieren Sie Ihr Haus, werfen Sie weg, was Sie nicht benutzen, kaputte Dinge, denn auf diese Weise werden Sie Platz für das Neue schaffen.

Du musst dich entscheiden, was du in deinem Leben wirklich tun willst. Das Schicksal wird dir in die Ohren schreien, was du wirklich willst und ob du bereit bist, dafür zu kämpfen.

In diesem Jahr müssen Sie sich selbst verpflichten. Geben Sie Ihre Ängste und Unsicherheiten auf, denn in dieser Zeit sollten Sie aufmerksam sein und sich nicht so sehr beschweren.

Ihre Seelenzahl. Wie man sie berechnet

Ihre Seelenzahl manifestiert Ihre Wünsche, Befriedigungen, Hobbys, Anliegen, Sorgen und Unannehmlichkeiten.

Die Seele ist der geistige Teil, den wir alle haben. Zusammen mit dem Geist und dem Körper macht die Seele den Menschen aus. In der Numerologie wird die Seele mit einer Zahl in Verbindung gebracht: der Seelenzahl.

Diese Zahl ergibt sich aus den Vokalen des Geburtsnamens und steht für das innere Selbst.

Wenn Sie Ihre Seelenzahl berechnen möchten, müssen Sie die Vokale Ihres vollständigen Namens angeben. Vergessen Sie nicht, auch die Zweitnamen anzugeben.

*Sie müssen die Vokale **A, E, I, O, U** verwenden. Wenn Ihr Name zufällig ein Y enthält, müssen Sie es verwenden, da das Y die Funktion eines Vokals übernimmt. Beispiele sind die Namen: Daryl, Dylan, Henry* und *Taylor.*

Der numerische Wert der einzelnen Vokale ist wie folgt:
A = 1
E = 5
I = 9
O = 6

U = 3
Y = 7
Wenn Sie die Anzahl der einzelnen Vokale in Ihrem vollständigen Namen ermittelt haben, müssen Sie diese addieren und auf eine einzige Ziffer reduzieren, mit Ausnahme der Zahlen 11 oder 22, die Stammzahlen sind.

Die Bedeutung der Seelenzahl

Nummer 1:

Unabhängige Menschen, die gut für sich selbst sorgen können und eine klare Vorstellung von ihren Lebenszielen und -aufgaben haben.

Nummer 2:

Liebevoll, künstlerisch, ruhig, friedlich und höflich, das ist die Nummer 2 der Seele. Sie haben auch eine große Fantasie und Kreativität.

Nummer 3:

Sie sind stark, entschlossen, mutig, mitfühlend, enthusiastisch und sehr optimistisch. Sie denken ständig über die Zukunft nach.

Nummer 4:

Sie sind besessen von Ordnung, Stabilität und Kontrolle. Sie sind oft frustriert, wenn die Dinge nicht nach Plan verlaufen.

Nummer 5:

Sie sind freie, reisende Seelen, die gerne neue Menschen treffen. Herausforderungen reizen sie und sie gelten als Führungspersönlichkeit.

Nummer 6:

Die Liebe ist ihre stärkste Seele, daher neigen sie dazu, die Interessen anderer über ihre eigenen zu stellen. Sie sind sehr ausgeglichen und voll von Harmonie.

Nummer 7:

Sie leben in einer ständigen mentalen Analyse dessen, was sie von der Welt und dem Leben im Allgemeinen wollen. Sie sind sehr begabte Künstler und überhaupt nicht ehrgeizig.

Nummer 8:

Sie sind führende Seelen oder Figuren in der Gesellschaft, sie streben danach, reich zu sein und Macht und einen hohen Status zu haben. Ihr Ehrgeiz macht sie zu den Besten in dem, was sie tun.
Nummer 9: Sie ist die selbstloseste und verträumteste Seele. Sie ist charismatisch, verständnisvoll und macht die Welt zu einem besseren Ort.

Nummer 11:

Sie sind kreativ, künstlerisch und charismatisch. Sie besitzen eine übersinnliche Seite, da sie eine der sensibelsten Seelen sind.

Nummer 22:

Es ist eine Seele, die eng mit der 4 verwandt ist (2+2=4), aber zusätzlich die Eigenschaften Ehrlichkeit, Freundlichkeit und Liebe zum Detail aufweist.

So berechnen Sie Ihre persönliche Hausnummer

Ihre Hausnummer verrät Ihnen die Geheimnisse, wie Sie sich die energetischen Schwingungen Ihres Hauses zunutze machen können. Das Haus ist unser Heiligtum, in dem unsere Träume, unsere Familie und unsere Ideen leben. All diese Dinge sind unsere Schätze, deshalb müssen wir uns um den Energiefluss kümmern, der uns umgibt, insbesondere in unserem Haus.

Die Dekoration, die Farben, mit denen wir unser Haus streichen, beeinflussen die Harmonie, aber sie sind nicht die einzigen, die zu berücksichtigen sind. Die Adresse Ihres Hauses bietet prädiktive Informationen nach der Numerologie.

Schritte zur Berechnung Ihrer persönlichen Hausnummer

Um Ihre persönliche Hausnummer zu erfahren, müssen Sie alle Ziffern Ihrer Adresse zusammenzählen, bis Sie eine einzige Ziffer erhalten.

Beispiel: Wenn du in der Zahl 2550 wohnst, musst du 2+5+5+5+0= 12 addieren.
1+2= 3

Wenn Ihre Adresse Buchstaben enthält, müssen Sie in der alphabetischen Tabelle nachsehen und diese Buchstaben in Zahlen ändern.

1 (A, J, S)
2 (B, K, T)
3 (C, L, U)
4 (D, M, V)
5 (E, N, W)
6 (F, O, X)
7 (G, P, Y)
8 (H, Q, Z)
9 (I, R)

Wenn Sie in einem Gebäude mit der Nummer 2550 in der Wohnung 8F wohnen, müssen Sie alle Zahlen und Buchstaben zusammenzählen.

Beispiel: **2+5+5+0+8+6 (6 ist der Buchstabe F) = 26**
2+6=8.

Die 8 wird die Zahl sein, die diesem Haus entspricht. Denken Sie daran, dass es sich bei den Buchstaben in der Adresse um eine weitere Zahl handeln würde, da Sie diese Zahlenwerte zur vorherigen addieren müssten.

Bedeutung der Hausnummer

Nummer 1

Ihr müsst sehr aufmerksam auf die Art von Energien achten, die euer Haus betreten, denn die Menschen, die euch besuchen, lassen schlechte Energien in eurem Haus zurück. Bei Nachbarn solltest du vorsichtig sein, denn sie sind sehr neidisch, sie sind neugierig darauf, wer dein Haus betritt und verlässt, und diese bösen Blicke schaffen ein energetisches Ungleichgewicht.

Nummer 2

Es zeigt, dass das Glück Ihres Hauses nicht in seinem Luxus liegt, sondern in der Harmonie, die Sie in ihm aufrechterhalten können. Dieses Haus wird Sie das Chaos in der Welt vergessen lassen. Die Art und Weise, wie Sie kommunizieren, die Worte, die Sie sagen, sind wichtig, denn Häuser sind Behälter von Energien. Alles ist in die Wände eingraviert. Es besteht die Möglichkeit von Unfällen im Inneren.

Nummer 3

*Diese Hausnummer bedeutet Begeisterung, Optimismus, Glück. In diesen Häusern ist die Energie ständig in Bewegung. In diesem Haus kann man seine Ziele erreichen und erfolgreich sein. **Die Zahl 3 zieht*** das Glück an, deshalb wird man in diesem Haus immer neue Projekte in Angriff nehmen.

Nummer 4

Wenn Ihr Haus diese Zahl hat, werden Sie nicht lange darin wohnen, sagen wir, es ist ein Transithaus. Es ist ein Haus für Neuanfänge, hier können Sie Ihre Familie gründen, aber garantiert, wenn sie wächst, werden Sie umziehen. Wenn Sie hier lange bleiben, werden ständig Unstimmigkeiten, Meinungsverschiedenheiten, Widersprüche, Antagonismen, Feindseligkeiten und Ungereimtheiten auftreten.

Nummer 5

In diesem Haus wird es immer wieder Partys oder Familienfeiern geben. Sie müssen vielleicht nicht viel bauliche Arbeit leisten, aber es wird immer eine große Spannung im Haus herrschen, wegen all der Leute, die es besuchen. In diesem Haus wird es nie zwei gleiche Tage geben. Seine Besitzer werden sehr unterschiedlich sein, aber wenn es Ihnen gefällt und Sie nicht umziehen wollen, müssen Sie es ständig energetisch reinigen.

Nummer 6

Dieses Haus hat immer eine gute Ausstrahlung, deshalb sollte man es beleuchtet halten. Es ist das perfekte Haus für frisch verheiratete Paare, die ein neues Lebensprojekt beginnen. Hier hat die Familie die nötigen Voraussetzungen, um in Frieden zu leben. Es wird auch die Menschen, die hier leben, mitfühlend machen.

Nummer 7

Dies ist das ideale Haus für Künstler, da es günstige Bedingungen für Kreativität und Reflexion bietet. Seine Bewohner werden sehr spirituell sein. Für Schriftsteller und Studenten, wäre es das perfekte Haus. Es ist ratsam, in regelmäßigen Abständen zu überprüfen, ob das Haus hat Entweichen von Energien oder Konzentration von schlechten Schwingungen.

Nummer 8

*Diese Zahl hat mit Reichtum zu tun, ist aber nicht der geeignete Ort, um eine Familie zu gründen und zu erhalten oder um mit seinem Partner glücklich zu leben. **In diesem Haus wird jeder ständig nur mit Geld und** materiellen **Dingen beschäftigt sein.** Das kann zu Spannungen im Haus führen. Für einen Arbeitsplatz ist es perfekt.*

Nummer 9

In diesem Haus können die Menschen etwas stumpfsinnig und vage werden, obwohl es in diesem Haus Ausgewogenheit, Fairness, Gleichheit und Einfühlungsvermögen gibt. Dies wäre das ideale Haus für einen Sozialarbeiter oder einen Anwalt. Es verfügt über heilende Energien.

Numerologie und Gesundheitsvorsorge

Ihre persönliche Zahl verrät Ihnen, wo Ihre gesundheitlichen Schwächen liegen und wie Sie sie stärken können.

Die Summe aus Ihrem Geburtsdatum und dessen Reduktion auf eine einzige Ziffer ergibt Ihre persönliche Nummer. Auf den vorherigen Seiten haben Sie erfahren, wie Sie diese berechnen können.

Diese Zahl offenbart Ihnen verschiedene Besonderheiten wie Ihre Lebensaufgabe, Ihren Charakter und die Schwächen Ihrer Gesundheit, sowie wie wir sie stärken sollten. Zahlen haben energetische Schwingungen, die mit Menschen verbunden sind und Ihr Leben beeinflussen.

Achten Sie bei der Berechnung der entsprechenden Zahl darauf, wo Ihre Schwächen liegen und wie Sie diese ausbauen können.

Nummer 1

Diese Menschen können Workaholics sein, und deshalb sind sie häufig ständig müde. Diese Müdigkeit äußert sich in den Schultern, den Knien, dem Rücken und hohem Blutdruck. Diese Menschen müssen sich täglich bewegen und stressige Situationen vermeiden.

Nummer 2

Diese Menschen sind anfällig für Gelenkschmerzen, Migräne und Verdauungsprobleme. Diese Erkrankungen sind eine Folge der Unterdrückung von Emotionen. Es wird empfohlen, dass sie ausdrücken, was sie denken, und keine Ressentiments hegen.

Nummer 3

Diese Menschen leben ihre Emotionen bis zum Äußersten aus, deshalb leiden sie unter Gewichts-, Hals- und Darmproblemen. Bewegung ist die perfekte Medizin, um den ganzen Stress abzubauen.

Nummer 4

Sie leiden häufig unter Neuralgien, Arthritis und Depressionen. Es ist wichtig, dass sie sich gesund ernähren und der Ruhe Vorrang einräumen.

Nummer 5

Diese Menschen sind anfällig für Süchte. Sie können Probleme mit den Nebennieren und Osteoarthritis haben. Bewegung, ausreichende Flüssigkeitszufuhr und gesunde Ernährung sind die Lösung.

Nummer 6

Diese Menschen wollen alles kontrollieren, deshalb leiden sie fast immer unter Kopfschmerzen. Sie können auch unter Problemen des Fortpflanzungssystems leiden. Der übermäßige Verzehr von Süßigkeiten und Milchprodukten sollte vermieden werden. Stress verschlimmert sie.

Nummer 7

Diese Menschen leiden unter Schlaflosigkeit, Kopfschmerzen und sind anfällig für Depressionen. Sie sollten den Verzehr von verarbeiteten Lebensmitteln und einer Menge Kohlenhydrate vermeiden. Es wird empfohlen, dass sie im Freien spazieren gehen.

Nummer 8

Diese Menschen machen sich übermäßig viele Gedanken über materielle und wirtschaftliche Dinge. Aus diesem Grund sind sie anfällig für Herzprobleme, Bluthochdruck und Panikattacken. Die Lösung besteht darin, das Leben ein wenig mehr zu genießen. Es hat *noch nie einen glücklichen Millionär in einem Krankenhaus gegeben. Sie sollten lachen, Haustiere haben und mit Freunden und Familie zusammen sein.*

Nummer 9

Diese Menschen leiden unter Nackenschmerzen, Herz-Kreislauf-Problemen, Anämie und einem schwachen Immunsystem. Das Praktizieren von Yoga, Atemübungen und Meditation sind die beste Medizin.

Numerologie und Ihr Beruf

Manchmal haben wir einen Job, den wir machen, weil wir keine andere Wahl haben. Aber auch wenn Sie es nicht glauben, es gibt einen Job, der Sie dazu motiviert, ihn ständig und mit großer Zufriedenheit zu machen.

Durch Numerologie, mit Ihrer persönlichen Zahl (denken Sie daran, dass in den vorherigen Seiten ist, wie es zu berechnen) können Sie Berufe, die Ihre Zahl entsprechen und finden Sie einen schönen und günstigen Job zu finden.

Günstige Berufe für die Nummer 1

Diese Menschen sind durchsetzungsfähig und stets motiviert, da sie über eine unerschöpfliche Energiequelle verfügen. Sie eignen sich perfekt für Berufe, in denen Führungsqualitäten gefragt sind, z. B. als Geschäftsführer von Bauunternehmen, Schiffskapitäne, Richter, Staatsanwälte, freischaffende Künstler und Politiker. Am wichtigsten ist, dass diese Menschen keine Chefs haben können, sie müssen die Kontrolle haben.

Günstige Berufe für die Nummer 2

Diese Menschen sind stark im Geist, aber Diplomaten und Vermittler. Sie können auch Vorträge halten und lehren. Ihre besten Berufe sind Lehrer, Berater in Schulen, in jedem Bereich der Medizin, Immobilienverkauf, Modedesigner, politische Berater und Kellner.

Günstige Berufe für Nummer 3

Diese Menschen sind sehr vielseitig, kommunikationsfreudig und können in den Bereichen Kunst, Schriftstellerei, Journalismus, Rundfunk und Fernsehen, Marketing, Öffentlichkeitsarbeit, Gruppentherapie und Pharmazie arbeiten.

Günstige Berufe für die Nummer 4

Diese Menschen sind bodenständig, fleißig und würden sich in Berufen, die ein hohes Maß an Konzentration erfordern, sehr wohl fühlen. Sie würden sich in Verwaltungsberufen, Banken, Finanzberatern, an der Börse, im Ingenieurwesen, in der Architektur und als Reiseleiter sehr wohl fühlen. Sie könnten auch gute Anwälte und Sportler sein.

Günstige Berufe für die Nummer 5

Diese Menschen haben viel Freude an der Natur und sind auch in risikoreichen Berufen gut. Geeignete Berufe sind Öffentlichkeitsarbeit, Verkauf, Kurator für Antiquitäten. Da sie dazu neigen, Risiken einzugehen, sind sie oft beim Militär zu finden.

Günstige Berufe für Nummer 6

Dazu gehören das Lehramt und die Medizin, das Baugewerbe und das Ingenieurwesen, das Tischlerhandwerk und die Mechanik sowie viele Berufe, die an Land ausgeübt werden. Hier finden Sie Menschen wie Albert Einstein, den Wissenschaftler, den man nicht vorstellen muss.

Günstige Berufe für die Nummer 7

Diese Menschen sind für Berufe geeignet, die ein hohes Maß an Intelligenz erfordern. Dazu gehören Berufe wie Mathematik, Physik, Chemie. Sie sind gute Militärstrategen, Geschäftsleute, Theater- und Filmschaffende.

Günstige Berufe für Nummer 8

Diese Menschen haben eine hohe Konzentrationsfähigkeit, sie sind ehrgeizig und mutig. Günstige Berufe wären Polizisten, Autorennfahrer, Chirurgen, Verkäufer von Apothekenprodukten und Wirtschaftsprüfer.

Günstige Berufe für die Zahl 9

Diese Menschen bevorzugen Berufe, die Diplomatie und Fairness erfordern. Sie würden sich sehr gut als Schulberater, Ratsmitglieder, Politiker und Kinderärzte eignen.

Günstige Berufe für 11

Menschen mit dieser Zahl sind kompliziert und schwer zu verstehen. Sie haben einen starken Arbeitswillen, sind aber nicht sehr ausdauernd. Geeignete Berufe wären solche, die viel Wissen erfordern, aber nicht unbedingt logisches Denken, sondern eher abstraktes Denken verlangen. Solche Berufe könnten sein: Reden halten, über philosophische Themen schreiben, politische Aktivisten und Berater, Technik, Astrologie und psychische Wissenschaften.

Günstige Berufe für die Nummer 22

Diese Menschen sind unveränderlich und umfassend in ihrem Denken. Sie können Menschen gruppieren und zum Wohle der Menschheit zusammenarbeiten. Sie eignen sich zum Planen, Organisieren, für Diplomaten, Botschafter und Präsidenten.

Geburtstagszahl. Bedeutung

Menschen mit esoterischem Wissen, dass unsere Seele den Tag wählt, an dem sie in diese Welt geboren wird, und dass wir mit Zielen kommen, die wir erreichen wollen und die uns bestimmt sind.

Ihre Geburtstagszahl ist der Tag, an dem Sie geboren wurden, und sie hat einen sehr starken Einfluss auf Ihr Leben. Die Geburtstagszahl identifiziert bestimmte Eigenschaften, die Ihnen helfen werden, im Leben voranzukommen.

Wenn Sie Ihre Geburtstagszahl und ihre Bedeutung kennen, können Sie negative Eigenschaften reduzieren oder beseitigen und positive Eigenschaften verbessern.

So berechnen Sie Ihre Geburtstagszahl

Dies ist eine einfache Berechnung. Sie schreiben die Zahl auf das Datum, an dem Sie geboren wurden, und reduzieren sie gegebenenfalls auf eine einzige Ziffer. Wenn Sie zwischen dem 1. und 9. eines Monats geboren sind, brauchen Sie die Zahlen nicht zu reduzieren. Wenn Ihr Geburtstag jedoch nach dem 10. des Monats liegt, müssen Sie die Zahl so weit reduzieren, bis Sie eine einzelne Ziffer erreichen.

Beispiel:

Wenn du am 18. des Monats geboren wärst, wäre es 1 + 8 = 9.

Anzahl der Geburtstage 1

Wenn du am 1., 10., 19. oder 28. eines Monats geboren bist, ist deine Geburtstagszahl 1.

Das bedeutet, dass Sie Führungsqualitäten haben und sehr unabhängig sind. Sie sind kreativ und besitzen eine große Begeisterungsfähigkeit.

***Wenn du am 1. des Monats geboren bist**, bist du charmant und hast kreative Wege, um deine Ziele zu erreichen. Fast jeder Innovator oder Pionier in der Geschichte hat die 1 als Geburtstagszahl.*

Sie sind leicht verdien bar und von Natur aus dynamisch. Manchmal wirken Sie unnahbar und vermitteln den Eindruck, dass Sie andere ignorieren oder schroff sind.

Da Sie eine natürliche Führungspersönlichkeit sind, ruhen Sie sich selten aus, Ihre Energie ist nervös. Persönlich, wenn es um Beziehungen geht, sind Sie stark. Sie sind ehrlich, haben eine starke Willenskraft und denken schnell.

Wenn Sie am 10. des Monats geboren sind, sind Sie intuitiv und am erfolgreichsten, wenn Sie auf Ihre Ahnungen hören. Sie sind dynamisch, idealistisch und in der Lage, andere zu inspirieren.

Sie haben die einzigartige Fähigkeit, sich bei Bedarf neu zu erfinden, und weil Sie so kreativ sind, können Sie in jeder Branche erfolgreich sein.

Sie kümmern sich nicht gerne um Details und arbeiten lieber allein. In Ihrem Privatleben stehen Sie in Beziehung zu vielen Menschen, aber Sie nennen nur wenige von ihnen Freunde.

Wenn du am 19. des Monats geboren bist, bist du wettbewerbsfähig, willensstark und erfolgsorientiert. Du hast eine unglaubliche Fähigkeit, neue Unternehmen zu gründen und gehst gerne Risiken ein.

Eine Führungspersönlichkeit zu sein, liegt Ihnen im Blut, aber Sie arbeiten am besten, wenn Sie allein sind. Manchmal fühlen Sie sich einsam, auch wenn Sie mit einer Gruppe von Menschen zusammen sind, und es fällt Ihnen schwer, über andere nachzudenken.

Deine Persönlichkeit ist magnetisch, und du ziehst es vor, Herausforderungen in Ruhe zu meistern. Du regst dich selten auf, aber wenn es passiert, explodierst du, obwohl du nie nachtragend bist.

Wenn du am 28. des Monats geboren bist, bist du willensstark, intelligent und fällst gerne auf. Du bist rebellisch und befolgst nicht gerne Regeln, da du ziemlich unabhängig bist. Du bist sehr praktisch, aber analytisch und verstehst die grundlegenden Konzepte der Menschheit.

Sie können Logik anwenden, um die gewünschten Ergebnisse zu erzielen. Sie sind ein Perfektionist, aber weil Sie innovativ sind, scheitern Sie nie.

Anzahl der Geburtstage 2

Wenn du am 2., 11., 24. oder 29. des Monats geboren bist, ist deine Geburtstagszahl die Nummer 2.

Diese Menschen genießen Harmonie und Teamarbeit, sind aber sensibel. Sie sind sehr kooperativ und genießen die schönen Dinge des Lebens.

Wenn du am 2. des Monats geboren bist, spielst du dem Leben oft Streiche und machst mit Leichtigkeit Multitasking. Tief in Ihrem Inneren möchten Sie in Frieden leben, ein Gleichgewicht in Ihrem Leben zu erreichen ist einer Ihrer Vorsätze.

Sie sind diplomatisch, haben eine ehrgeizige Seite und arbeiten gerne im Team. Auf emotionaler Ebene *nehmen Sie die Dinge zu ernst und unterschätzen sich manchmal selbst.*

Diejenigen, die dir nahestehen, sind wichtig in deinem Leben, denn auf der Suche nach Glück brauchst du Familie und Freunde um dich herum, also solltest du versuchen, deine Beziehungen sorgfältig auszuwählen.

Ihr Zuhause ist Ihnen sehr wichtig, Sie kümmern sich darum und verbringen gerne Zeit zu Hause.

Wenn Sie am 11. des Monats geboren sind, *sind Sie intuitiv und arbeiten gerne hart, denn so können Sie Ihre Ideen in die Tat umsetzen. Sie neigen dazu, ängstlich zu sein; ein ausgewogener Lebensstil ist für Sie empfehlenswert.*

Es ist wichtig, dass Sie sich ausreichend ausruhen, da Ihr Energielevel erschöpft sein kann. Sie lieben den Kontakt mit der Natur und sind gerne von Tieren umgeben.

Auf emotionaler Ebene neigen Sie dazu, sich an den Schmerz oder die Enttäuschungen der Vergangenheit zu klammern. Sie müssen die Vergangenheit loslassen, Sie müssen an Ihrem Selbstvertrauen arbeiten, damit Sie Selbstvertrauen entwickeln.

Wenn du am 20. des Monats geboren bist, *bist du taktvoll und diplomatisch. Du versuchst, dich im*

Leben anzupassen und dich in jede Gruppe einzufügen, weil du einfühlsam bist und dich überall wohlfühlen kannst.

Sie sind am glücklichsten, wenn Sie mit Menschen zusammen sind, die so sind wie Sie, Sie sind gefühlsbetont und sensibel, und manchmal verwöhnen Sie Ihre Mitmenschen zu sehr.

Andere Menschen nutzen Ihren Wunsch zu helfen aus, deshalb ist es wichtig, dass Sie Zeit für sich selbst haben, damit Sie zur Ruhe kommen können.

Wenn du am 29. *des Monats* **geboren bist,** *bist du sehr sensibel, aber du genießt es, Zeit mit anderen zu verbringen. Du hast einen sehr starken Charakter, aber es fällt dir leicht, andere zu inspirieren.*

Sie haben natürliche Führungsqualitäten. Wenn du in deinem Beruf erfolgreich sein willst, musst du einen wählen, der deine Talente nutzt. Du neigst zu Schüchternheit, aber du kannst sie überwinden, auch wenn du im Rampenlicht stehst, denn deine Persönlichkeit ist sehr stark.

Du magst Geld und Macht, aber du bist sehr großzügig gegenüber anderen. Es ist sehr wichtig für Sie, auf dem rechten Weg zu bleiben, anstatt sich für einfache Wege zu entscheiden. Du neigst zu

Stimmungsschwankungen, also musst du deine Gefühle im Gleichgewicht halten.

In dir gibt es viele Gefühle der Unsicherheit, obwohl du dich danach sehnst, tief lieben zu können. Sie sind zurückhaltend und verbergen Ihre Gefühle aus Angst, lächerlich gemacht zu werden. Es besteht die Möglichkeit, dass Sie in Ihrer Kindheit ein Trauma erlebt haben, das Sie dazu bewegt, Kinder zu bekommen.

Anzahl der Geburtstage 3

Wenn du am 3., 12., 21. oder 30. des Monats geboren bist, hast du einen unglaublichen Sinn für Humor und bist sehr kreativ. Du bist ein guter Kommunikator, freundlich, enthusiastisch und magst es, Spaß zu haben.

Wenn du am 3. des Monats geboren bist, *kannst du dich leicht durch deine kreativen Fähigkeiten auszeichnen. Deine Kommunikationsfähigkeiten sind ausgezeichnet, und du bist sehr beliebt.*

Andere Menschen fühlen sich in jeder Hinsicht von Ihnen angezogen. Manchmal wirkst du distanziert, weil die Menschen dich nicht immer verstehen, aber es gibt auch Zeiten, in denen du dich selbst nicht verstehst.

Sie besitzen die Fähigkeit, Ihre Stimmung nicht zu verschlechtern und sind ein Problemlöser par excellence.

Wenn du am 12. des Monats geboren bist, bist du in deinem Herzen und in deiner Seele ein Kind. Da du ein geselliger Mensch bist, fühlen sich die Menschen zu dir hingezogen, und du wirst immer Freunde haben. Du hast tiefe Gefühle und bist den Menschen, die du liebst, verpflichtet. Manchmal versteckst du deine Gefühle und Bedürfnisse vor anderen. Das kann dazu führen, dass du eine geheimnisvolle Person bist. Du hast ein gutes Vokabular und kannst dich gut ausdrücken, was dich zu einem Meister macht, so dass du ein öffentlicher Redner sein könntest. Du hast viele Interessen in verschiedenen Bereichen des Lebens, aber es ist wichtig, dass du nicht zu viele Verantwortungen übernimmst.

Wenn du am 21. des Monats geboren bist, ziehst du Glück und Möglichkeiten an. Sie teilen Ihr Glück gerne mit anderen. Sie sind sehr beliebt, aber bei gesellschaftlichen Anlässen zurückhaltend. Sie können mit jedem über alles reden und haben einen natürlichen Optimismus für das Leben.

Deine Einstellung hilft anderen, ihre Stimmung zu verbessern, und obwohl du manchmal stur bist, hast *du einen neugierigen Geist. Es gibt Zeiten, in denen Sie nervös sind, weil Sie ständig in Bewegung sind; Ruhe ist für Sie wichtig.*

Wenn Sie am 30. des Monats geboren sind, *sind Sie sehr kreativ und unterhalten andere auf natürliche Weise. Sie sind charmant und haben dank Ihrer Kreativität Erfolg im Leben. Gelegentlich fällt es Ihnen schwer, Ihre persönlichen Ziele zu erreichen. Wenn du Geld hast, bist du großzügig und fühlst dich von den guten Dingen des Lebens angezogen. Die Menschen finden es schwierig, Ihre wahre Persönlichkeit kennen zu lernen, obwohl es sehr viel Spaß macht, mit Ihnen zusammen zu sein.*

Anzahl der Geburtstage 4

Wenn du am 4., 13., 22. oder 31. des Monats Geburtstag hast, ist deine Geburtstagszahl 4.

Mit dieser Geburtstagszahl hast du den Wunsch nach Sicherheit und das Bedürfnis, solide Strukturen für deine Zukunft zu schaffen. Du bist selbstdiszipliniert, aufrichtig und fair.

Wenn Sie am 4. Tag des Monats geboren sind, *sind Sie konventionell und praktisch veranlagt. Sie wissen,* wie Sie im Leben erreichen können, was Sie wollen, und haben die Entschlossenheit, es zu tun.

Manchmal sind Ihre Vorlieben und Abneigungen spürbar, und es fällt Ihnen schwer, Ihre Denkweise zu ändern. Sie sind glücklich, wenn Sie das Leben genießen können. Es ist wichtig, dass Sie sich Zeit nehmen, um Ihre Vitalität zu steigern. Sie sollten Wert auf Ruhe legen. In der Liebe fällt es Ihnen sehr schwer, Ihre tiefsten Gefühle auszudrücken. Du hast den Anschein von Ernsthaftigkeit, aber sobald die Menschen entdecken, wie freundlich du bist, lieben sie dich.

Wenn du am 13. des Monats geboren bist, bist du ein komplexer Mensch. Du bist intellektuell und hast eine monumentale Fähigkeit zum Denken. Du hast ein Talent dafür, Hindernisse zu überwinden, und spürst, wenn etwas schiefläuft, um es zu verhindern.

Sie sind ein guter Problemlöser und gehen praktisch und energisch vor. Traditionen sind Ihnen wichtig, ebenso wie Ihre Familie.

Du hast eine ausgeglichene Einstellung, aber manchmal erlaubst du dir auch, Spaß zu haben.

Wenn du am 22. des Monats geboren bist, bist du ein natürlicher Organisator und Anführer. Du bist *neugierig und suchst nach Antworten auf die Rätsel des Lebens. Obwohl du unabhängig bist, arbeitest du gut mit Gruppen zusammen.*

Sie haben eine natürliche Lebensfreude, und Ausgeglichenheit ist Ihnen wichtig. Ihre Laune kann leicht umschlagen. Du hast viele ungewöhnliche Freundschaften und hast das Bedürfnis, sie glücklich zu machen. Manchmal sind Sie sensibel und versuchen, Ihre Gefühle zu verbergen, um zu zeigen, dass Sie stark sind.

Wenn du am 31. des Monats geboren bist, *bist du immer in Bewegung und reist viel. Du bist künstlerisch begabt, aber dein Verstand ist stark und entschlossen. Du hast Ideen und die Fähigkeit, diese Ideen zu nutzen und sie in die Praxis umzusetzen, wenn es nötig ist. Du bist fleißig, praktisch veranlagt und hast einen Anker in der Erde. Du hast hohe Ideale und bist ehrlich. Manchmal kannst du starr in deinen Ansichten sein, also versuche, flexibel zu sein.*

Anzahl der Geburtstage 5

Wenn du am 5., 14. oder 23. des Monats geboren bist, ist deine Geburtstagszahl 5.

Du hast einen ausgeprägten Sinn für Abenteuer. Frei zu sein ist Ihnen wichtig, aber das macht Sie ungeduldig. Du hast Freude an Veränderungen, bist einfallsreich, neugierig und ein fortschrittlicher Denker.

Wenn du am 5. des Monats geboren bist, bist du unkonventionell und machst gerne, was du willst. Du hast eine einzigartige Einstellung zum Leben. Deine Energie ist grenzenlos, das bedeutet, dass du ständig in Bewegung bist und rebellisch sein kannst, weil du es hasst, Regeln zu befolgen. Deine Persönlichkeit ist magnetisch, andere finden dich faszinierend. Du hast Schwierigkeiten, dich zu binden und analysierst schnell.

Wenn Sie am 14. des Monats geboren sind, lieben Sie kalkulierte Risiken, und das ist ein Teil Ihrer Persönlichkeit. Sie verfügen über ein ausgezeichnetes Gedächtnis, das Sie dazu bringt, über die Schmerzen der Vergangenheit nachzudenken. Sie müssen flexibel und anpassungsfähig sein. Du genießt Essen und Trinken; du gibst dich deinen Sinnen zu sehr hin. Du bist sehr großzügig, und andere lieben dich.

Wenn du am 23. des Monats geboren bist, bist du vielseitig und denkst sehr schnell. Du vertraust auf deine Intuition; du hast vielleicht übersinnliche

Fähigkeiten. Du hörst immer auf deine innere Stimme, du besitzt viel Energie, und das kann dich verunsichern und dazu bringen, Neues zu erleben. Obwohl du vor vielen Herausforderungen stehst, kommst du immer wieder auf die Beine.

Anzahl der Geburtstage 6

Wenn dein Geburtstag auf den 6., 15. oder 24. fällt, ist deine Geburtstagszahl 6.

Sie vermeiden Streit und bevorzugen Frieden und Harmonie in Ihrem Umfeld. Du fühlst dich oft unwohl, wenn du mit anderen streitest. Die Menschen werden von deiner Anziehungskraft angezogen.

***Wenn du am 6. des Monats geboren bist**, hast du geschäftliche Fähigkeiten, bist künstlerisch und charmant. Du kannst jede Herausforderung meistern. Du legst Wert auf dein Familienleben und hilfst immer denen, die in Not sind. Du übernimmst oft zu viel Verantwortung.*

Sie geben anderen gerne Ratschläge, aber es fällt Ihnen schwer, Kritik anzunehmen.

***Wenn du am 15. des Monats geboren bist**, bist du sensibel. Du bist einfühlsam und versuchst, denen zu helfen, die in Not sind. Manchmal nimmst du die Probleme anderer Menschen auf dich und es kann dir* sehr schwerfallen, sie loszulassen. Das Familienleben ist für dich sehr wichtig. Im Geschäftsleben bist du sehr angesehen; du ziehst einflussreiche Menschen in dein Leben.

Wenn du am 24. des Monats geboren bist, arbeitest du hart, um deine Ziele zu erreichen, und du magst es, einfach zu sein. Der Schlüssel zu deinem Erfolg ist deine praktische und faire Einstellung. Du übernimmst oft, wenn andere nicht mithalten können, aber du erwartest auch, dass andere Verantwortung übernehmen. Du bist oft von Kindern umgeben oder von Menschen, die ein fröhliches Wesen haben. Ihr Zuhause ist Ihr Zufluchtsort, und Sie entspannen sich am liebsten bei Musik.

Anzahl der Geburtstage 7

Wenn du am 7., 16. und 25. des Monats geboren bist, ist deine Geburtstagszahl 7.

Du bist nachdenklich und suchst immer nach dem Sinn des Lebens. Wenn Sie Entscheidungen treffen müssen, gehen Sie mit Bedacht vor, denn Sie hassen es, Fehler zu machen. Sie fühlen sich von der Natur angezogen, weil sie Ihren Geist und Ihre Seele nährt.

Wenn du am 7. des Monats geboren bist, hast du ein distanziertes Auftreten, weil du eine natürliche

Schüchternheit besitzt. Du liebst deine Privatsphäre und nur wenige Menschen kennen dein wahres Ich. Du bist sehr neugierig und stellst ständig Fragen, obwohl du dich nur ungern ausfragen lässt. Du vertraust deiner Intuition.

Wenn Sie am 16. des Monats geboren sind, *ist Ihre Wahrnehmungsfähigkeit ausgezeichnet, Sie erkennen das Böse sofort. Es ist wichtig, dass du zu Ende bringst, was du angefangen hast, dafür musst du analytischer sein. Sie werden oft als Perfektionist angesehen. Du musst versuchen, die positiven Aspekte des Lebens zu sehen, denn du musst deine Stimmungsschwankungen kontrollieren.*

Wenn du am 25. des Monats geboren bist, *hast du ein Bedürfnis nach Ruhe und sehnst dich danach, allein zu sein. Es ist wichtig für dich, dich zu entspannen und deinen Geist zu beleben. Du fühlst dich vom Meer angezogen, bist sehr neugierig und versuchst immer zu entdecken, wie die Dinge funktionieren. Es ist wichtig, dass du deinen Instinkten folgst und metaphysisches Wissen erwirbst.*

Anzahl der Geburtstage 8

Wenn du am 8., 17. oder 26. des Monats geboren bist, ist deine Geburtstagszahl 8.

Sie haben das Bedürfnis, Ihr eigener Chef zu sein oder eine Position einzunehmen, in der Sie Verantwortung tragen und andere beaufsichtigen können. Materieller Besitz motiviert Sie sehr. Sie sind sehr selbstbewusst und ehrgeizig.

Wenn du am 8. des Monats geboren bist*, hast du eine unglaublich magnetische Ausstrahlung. Manche Menschen finden dich einschüchternd. Du triffst gerne deine eigenen Entscheidungen und hasst es, wenn man dir sagt, was du tun sollst.*

Erfolg ist sehr wichtig in Ihrem Leben, und Sie sind glücklich, wenn Sie Geld haben und nach materiellem Erfolg streben.

Wenn du am 17. des Monats geboren bist*, bist du ehrgeizig und erfolgreich in jedem Geschäft. Du hast ein gutes Gedächtnis, aber auch Suchttendenzen. Sie sind manchmal egozentrisch. Sie sind analytisch und brauchen konkrete Beweise, anstatt auf zufällige Informationen zu hören. Sie sind organisiert und haben Erfolg im Finanzwesen.*

Wenn Sie am 26. des Monats geboren sind, haben Sie ein angeborenes Bedürfnis nach ausgeglichenen Beziehungen. Du schätzt dein Zuhause und deine Familie, bist aber fast immer zu beschäftigt, um sie zu genießen. Sie sind am glücklichsten, wenn Sie von Tieren umgeben sind. Du hast Führungsqualitäten, bist organisiert, leidest aber unter Stress. Es ist wichtig, dass du lernst, ruhig zu bleiben und Stressfaktoren zu bewältigen.

Anzahl der Geburtstage 9

Wenn du am 9., 18. oder 27. des Monats geboren bist, ist deine Geburtstagszahl 9.

Sie haben den Wunsch, die Welt zu einem besseren Ort zu machen. Sie sind aufgeschlossen und interessieren sich für weltpolitische Themen. Du kannst Menschen mit unterschiedlichen Denkweisen verstehen.

Wenn du am 9. des Monatsgeboren bist, ist dein Herz freundlich und mitfühlend. Du bist idealistisch und wirst dich immer für diejenigen einsetzen, die in Not sind. Du bist zurückhaltend in deinem Privatleben und sehr kreativ. Du bist gesellig und leicht anziehend. Du bist ein Träumer und strebst danach, andere zu inspirieren. Denken Sie daran, auf Ihre Gesundheit zu achten.

Wenn Sie am 18. des Monats geboren sind, haben Sie das Potenzial, erfolgreich zu sein. Du bist künstlerisch, kennst deine Stärken, bist sehr unabhängig und eine Führungspersönlichkeit. Dein Geschmack ist raffiniert, und du musst dich geistig stimulieren lassen. Du neigst dazu, dich für weltliche Dinge nicht zu interessieren.

Wenn du am 27. des Monats geboren bist, bist du in deinem Privatleben sehr zurückhaltend und behältst deine Gefühle für dich. Du bist ein leidenschaftlicher Fürsprecher für deine Mitmenschen und deine Kommunikationsfähigkeiten sind unglaublich. Du bist sehr kreativ; du könntest ein sehr guter Schriftsteller oder Komponist sein. Du könntest auch an Politik interessiert sein.

Über die Autoren

Zusätzlich zu ihrem astrologischen Wissen verfügt Rubi über eine umfangreiche berufliche Ausbildung; sie hat Zertifizierungen in Psychologie, Hypnose, Reiki, bioenergetischer Kristallheilung, Engelsheilung, Traumdeutung und ist spirituelle Lehrerin. Rubi verfügt über Kenntnisse in Gemmologie, die sie nutzt, um Steine oder Mineralien zu programmieren und sie in kraftvolle Amulette oder Talismane des Schutzes zu verwandeln.

Rubi hat einen praktischen und ergebnisorientierten Charakter, der es ihr ermöglicht hat, eine besondere und integrative Vision von mehreren Welten zu haben, die Lösungen für spezifische Probleme ermöglicht. Alina schreibt die monatlichen Horoskope für die Website der American Asociation of Astrologers; Sie können sie unter www.astrologers.com lesen. Zurzeit schreibt sie eine wöchentliche Kolumne in der Zeitung El Nuevo Herald über spirituelle Themen, die jeden Montag in digitaler *und gedruckter Form erscheint. Er hat auch ein Programm und das wöchentliche Horoskop auf dem YouTube-Kanal dieser Zeitung. Ihr Astrologisches Jahrbuch wird jedes Jahr in der Zeitung "Diario las Américas" in der Rubrik Rubi Astrologa veröffentlicht.*

Rubi hat mehrere Artikel über Astrologie für die monatliche Publikation "Today's Astrologer" geschrieben und Kurse über Astrologie, Tarot, Handlesen, Kristallheilung und Esoterik gegeben. Auf ihrem YouTube-Kanal stellt sie wöchentlich Videos zu esoterischen Themen zur Verfügung: Rubi Astrologa. Sie hatte ihre eigene Astrologie Sendung, die täglich über Flamingo T.V. ausgestrahlt wurde, wurde von mehreren Fernseh- und Radiosendungen interviewt und veröffentlicht jedes Jahr ihr "Astrologisches Jahrbuch" mit dem Horoskop nach Sternzeichen und anderen interessanten mystischen Themen.

Sie ist Autorin der Bücher "Reis und Bohnen für die Seele" Teil I, II und III, einer Zusammenstellung von esoterischen Artikeln, die in Englisch, Spanisch, Französisch, Italienisch und Portugiesisch veröffentlicht wurden. "Geld für alle Taschen", "Liebe für alle Herzen", "Gesundheit für alle Körper", Astrologisches Jahrbuch 2021, Horoskop 2022, Rituale und Zaubersprüche für den Erfolg im Jahr 2022, Zaubersprüche und Geheimnisse, Astrologie Kurse, Rituale und Zaubersprüche 2024 und Chinesisches Horoskop 2024 sind in fünf Sprachen erhältlich:

Englisch, Italienisch, Französisch, Japanisch und Deutsch.

Rubi spricht perfekt Englisch und Spanisch und kombiniert alle ihre Talente und Kenntnisse in ihren Lesungen. Sie wohnt derzeit in Miami, Florida.

Weitere Informationen finden Sie auf der **Website** *www.esoterismomagia.com.*

Alina A. Rubi ist die Tochter von Alina Rubi. Sie studiert derzeit Psychologie an der Florida International University.

Seit ihrer Kindheit interessiert sie sich für alle metaphysischen und esoterischen Themen und praktiziert Astrologie und Kabbala seit ihrem vierten Lebensjahr. Sie verfügt über Kenntnisse in Tarot, Reiki und Edelsteinkunde. Sie ist nicht nur Autorin, sondern zusammen mit ihrer Schwester Angeline A. Rubi auch die Herausgeberin aller von ihr und ihrer Mutter veröffentlichten Bücher.

Für weitere Informationen wenden Sie sich bitte per E-Mail an: ***rubiediciones29@gmail.com***

Literaturverzeichnis

Von einem der Autoren veröffentlichte Artikel im Nuevo Herald.

www.ingramcontent.com/pod-product-compliance
Lightning Source LLC
Chambersburg PA
CBHW060119120726
48003CB00009B/2709